気づきと実践の
社会心理学

喜岡惠子　北村英哉　桐生正幸　大久保暢俊　著

日科技連

はしがき

　本書は社会心理学の教科書として、社会心理学のさまざまな学問的知識をその研究方法や検証実験などによるエビデンスとともに学べることを第1の目的として編んだものである。さらに本書では、社会心理学の知見を、現実社会において適用した事例を数多く示している。読者がそれらを参考にして、社会心理学の知見を学問の中にとどめることなく、自身にとっての気づきをもって、日常生活での小さな実践につなげられることを第2の目的としている。そのため、章タイトルも実践を促す動きのあるものにした。

　第1章から第5章までは社会心理学の王道ともいえる学問的知識を扱い、第6章から第9章までは現代社会が直面する具体的な課題を取り上げ、社会心理学的知見が課題解決や対策に生かされる場面を紹介する。

　本書は集団そのものを対象とする研究ではなく、1920年代以降の、オールポート（Allport, F. H.）に代表されるような、集団の中の個人に焦点を当てた社会心理学の研究を紹介する。例えば、クーリー（Cooley, C. H.）のいう鏡映的自己においては、自己についての意識は、常に社会的であり、他者とのコミュニケーションによって形成されるものとする。人は他者という鏡を通して自分を知り、身体でさえ、「私はあなたより背が高い」など、人との比較の中で意識され、自己感情を喚起するという。個人の行動は「社会的な刺激として働く反応、あるいは社会的刺激に対する反応」としてとらえる。

　社会心理学は、ゲシュタルト心理学や認知心理学、進化心理学などの影響を受けて学問として発展していくとともに、第二次世界大戦などの時代背景の影響や、科学技術の進展に伴って進歩したマス・コミュニケーションやインターネット・コミュニケーションなどのコミュニケーション手段の影響も受けている。

　インターネットは、その前身であるARPANET（アーパネット）が1969年に

米国内の4つの大学・研究機関での接続に成功して以来、進化を遂げながら世界中を結んできた。1989年にはWebが誕生し、2004年にはSNS（Social Networking Service）が出現した。モバイル端末の普及と相まって、日常生活上の問題はインターネットを介してきわめて短時間で解決できることが増え、また、人と人とのつながり、人と社会とのつながりも大きく変化してきた。

　そのような時代にあっても、2024年の元日には石川県能登地方において地震が発生し、震度7の揺れが観測され、多くの方々が犠牲となった（令和6年能登半島地震）。1月23日現在の被害状況は石川県で233人死亡、19人安否不明である。また、能登半島地震の翌日の1月2日には、羽田空港において、日本航空516便が着陸直後に海上保安庁の航空機と衝突し、海上保安庁の航空機に乗っていた6人のうち5人が死亡する事故が起きている。日航機の機体は炎上したが、乗客乗員379人全員が脱出し、日航機側の死者は出なかった。さまざまな科学技術や通信技術が発展しても、それだけでは、今なお救えない命があることを目の当たりにしたが、その一方で、自然災害や事故が発生したときに、日ごろの訓練が生かされ、的確な指示が出され、人々がそれを信頼し、協力しあえることで救える命があることも示された。一人ひとりの行動の背景には、組織や社会が育んできた個の力と信じ合える社会の力があったに違いない。社会心理学の学習を通して、個が気づき、実践し、力をつけることで、個人だけでなく社会も強くしていくことを期待してやまない。

　最後になってしまったが、本書の編集をご担当いただいた日科技連出版社の鈴木兄宏氏、石田新氏、前任の田中延志氏（退職）には、完成に向けてのそれぞれの節目において適切な助言や支援をいただき、また、私たちの遅れがちな歩みを辛抱強く見守り、励ましていただいた。心より感謝を申し上げる。

2024年1月

著者を代表して

喜　岡　恵　子

目　　次

はしがき ……………………………………………………………………… iii

第 1 章　自己を知る ……………………………………………………… 1
1.1　自己を考える ………………………………………………… 1
1.2　自己意識 ………………………………………………………… 2
1.3　自己評価 ………………………………………………………… 7
1.4　他者に見せる自己 …………………………………………… 14
1.5　本章のまとめ：自己研究の展開 ………………………… 19
第 1 章の引用・参考文献 ………………………………………… 20

第 2 章　対人関係を築く ………………………………………………… 23
2.1　対人魅力と好意的人間関係 ……………………………… 23
2.2　社会的態度 ……………………………………………………… 31
第 2 章の引用・参考文献 ………………………………………… 38

第 3 章　認知バイアスに気づく ……………………………………… 41
3.1　対人認知 ………………………………………………………… 41
3.2　社会的認知 ……………………………………………………… 44
3.3　スキーマ ………………………………………………………… 48
3.4　ジェンダー平等 ……………………………………………… 52
第 3 章の引用・参考文献 ………………………………………… 55

第 4 章　集団としての意思決定をする …………………………… 57
4.1　集団と個人の心理 …………………………………………… 57
4.2　集団意思決定 ………………………………………………… 64
4.3　集団間関係 ……………………………………………………… 65

4.4　公正と道徳 ……………………………………………………………… 69

　　　第4章の引用・参考文献 …………………………………………………… 71

第5章　消費の意思決定をする ……………………………………… 73

5.1　購買は問題解決 ………………………………………………………… 74

5.2　購買意思決定 …………………………………………………………… 79

5.3　消費者の知覚と態度 …………………………………………………… 84

5.4　社会的影響 ……………………………………………………………… 88

5.5　本章のまとめ：消費者行動論と社会心理学 ……………………… 93

　　　第5章の引用・参考文献 …………………………………………………… 94

第6章　対人関係のトラブルを考える ………………………… 97

6.1　対人関係のトラブルとしての犯罪 ………………………………… 97

6.2　対人行動のトラブルにおける犯罪 ………………………………… 104

6.3　対人関係における問題の解消 ……………………………………… 112

　　　第6章の引用・参考文献 …………………………………………………… 117

第7章　犯罪に向き合う―日本の司法システムと心理学― …… 121

7.1　日本の司法制度 ………………………………………………………… 121

7.2　司法・犯罪分野で活躍する心理職 ………………………………… 127

7.3　身の周りに潜む犯罪と対峙する ……………………………………… 134

　　　第7章の引用・参考文献 …………………………………………………… 145

第8章　危機に向き合う ……………………………………………… 149

8.1　リスクを低減する ……………………………………………………… 149

8.2　闘争－逃走反応 ………………………………………………………… 151

8.3　危機管理 ………………………………………………………………… 153

8.4　避難情報の送り手と受け手 ………………………………………… 154

8.5　災害時の避難行動モデル ……………………………………………… 158

8.6　東日本大震災時の津波からの避難行動 ……………………………… 161

8.7　正常性バイアス ……………………………………………… 163

8.8　平成 30 年 7 月豪雨における倉敷市真備町の
　　　クライシスコミュニケーション ………………………… 166

8.9　自助・共助・公助 …………………………………………… 169

第 8 章の引用・参考文献 ……………………………………… 170

第 9 章　リスクを評価・判断する ………………………… 173

9.1　リスクを測る ………………………………………………… 173

9.2　リスクイメージ ……………………………………………… 179

9.3　リスク認知と認知バイアス ………………………………… 182

9.4　リスクと便益 ………………………………………………… 186

9.5　技術的、制度的、心理・社会的側面からの
　　　リスク低減アプローチ ……………………………………… 187

9.6　リスク政策 …………………………………………………… 189

第 9 章の引用・参考文献 ……………………………………… 191

索　　引 ………………………………………………………… 195

第1章
自己を知る

1.1　自己を考える

　私たちは、さまざまな場面で自分を意識する。たとえば、ゼミ発表や就職面接などの公的な場面を考えてみよう。いつもは気にしない自分の話し方、話す内容、さらには自身の身振り手振りまでが気になってしまった結果、すべてがうまくいかず、「こんなはずではなかった」と後悔した経験はないだろうか。また、密かに想いを寄せている人と2人きりで会話する私的な場面でもよい。その人の前で「こういう自分を見せたい」と思って緊張し、かえって見せたくない自分の醜態を相手に晒すことになった経験はないだろうか。

　これらの場面は、自分自身を過剰に意識して、結果として失敗する場面であるが、これから検討する「自己」を考えるうえで重要なポイントが3つ含まれている。

　1つ目は、自分の言動を、まるで他人の言動のように観察している自分がいる、ということである。つまり、自分を意識するには、「自分」という観察対象を、「自分」が観察することができていなければならないのである。

　2つ目は、私たちは自分の言動に対して何らかの評価を下している、ということである。前述の例では、どちらも自分自身にネガティブな評価を下すことにつながるであろう。

　3つ目は、それぞれの場面で「こういう自分を見せたい」という目標が存在している、ということである。ゼミ発表や就職面接などでは「有能な自分」を見せたいと思うかもしれないし、好きな人の前では「素敵な自分」を見せたい

と思うかもしれない。このように、自分を意識できることが、さまざまな現象を生み出していることが理解できるであろう。

　社会心理学における自己研究は、自分という心理概念が他者と密接に関係していることを明らかにしてきた。前述のように、私たちは自分を意識しているからこそ、自分を評価できるし、さらに、他者に対する言動で、「このように自分を見てほしい」と目標を立てることができる。本章では、社会心理学における自己研究を「自分をどのように意識するのか（自己意識）」、「自分をどのように評価するのか（自己評価）」、「自分を他者にどのように見せるのか（自己呈示や自己開示）」の 3 つの側面から概観する。そして、最後に社会心理学における自己研究の現状を検討する。

1.2　自己意識

　私たちは「自分」という言葉を普段は曖昧に用いている。しかし、この「自分」を心理学的に研究するためには、まずは概念を明らかにしなければならない。概念を明らかにするということは、特定の理論的立場を採用するということである。これまで、「自分」という心理概念について、さまざまな理論的検討が研究者によって行われてきた。なお、これ以降は「自分」という概念について、社会心理学の研究対象として示す場合は「自己」と表す。

1.2.1　主体的自己と客体的自己

　自己についての理論的検討の代表的なものとして、ジェームズ[1]の「知る自己」と「知られる自己」の区別がある。英語では、主格の「I」と目的格の「me」に相当する。これは、刻一刻と移りゆく時間の中で、なぜ自分が自分であり続けるのかという問い（自我同一性）に対する一つの回答として提出された考えである。昨日と今日の自分が同じだと感じられるように、10 年前と現在の自分が同じように感じられるのは、よく考えると奇妙なことである。特に若い人であれば、10 年前の自分は見た目も中身も大きく変わっているはずであ

る。これが同じ自分だと感じられる（自我同一性が感じられる）のはなぜだろうか？

　ジェームズは、自我同一性が感じられるのは、私（I）が私（me）を捉えるやり方が同一であるからと考えた。つまり、捉えられた私（me）が違っていても、それを認識する私（I）の私（me）に対するかかわり方が同一であると考えたのである。たとえば、10年前の私（me）の内容（ポケモンが好きで、サイダーが好きな自分）と、現在の私（me）の内容（アベンジャーズが好きで、ビールが好きな自分）が異なっていても、その時々の私（I）が同じようにかかわっていれば、同じ「自己」と感じられると考えたのである。

　ジェームズのこの考え方は、後の研究に大きな影響を与えた。特に、主体的自己と客体的自己のかかわりについては、以下で検討する自己意識の研究につながり、客体的自己（me）の評価については、次節で検討する自己評価の研究につながった。このように、ジェームズの主体的自己と客体的自己の区別は、研究対象としての自己を「見える化」したのである。

1.2.2　自己注目

　自己注目は、主体的自己が客体的自己に気づく過程のことである。この現象を系統的に実証したのが、ウィックランドとデュバル[2]である。

　彼らは、自己への注目が高まることが、自らの信念や行動に影響することを一連の実験で示した。彼らの最初の実験では、大学生の実験参加者に対して、死刑や自由といった9つのトピックについて意見を求めた。そのうえで、別の意見（一般的意見）を提示し、それによる意見の変化を測定した。その際、9つの意見の一般的見解として、2種類の集団が設定された。1つ目の集団は、自分の大学の他の学生たちであり、もう1つの集団は、（自分は所属していない）特殊な施設の住人たちであった。

　そして、どちらかの集団の一般的な意見を実験参加者に知らせる直前に、自己への注目の操作を行った。具体的には、今回の実験条件（得たい結論である条件）である自己注目条件の実験参加者には、事前に収録した実験参加者自身

の声のテープを聴かせた。それに対し、統制条件（実験条件と比較するための
条件）の実験参加者には、他人の声のテープを聴かせた。自分の声を聴いた実
験参加者は、自己注目が高まった状態となるのに対し、他人の声を聴いた実験
参加者は自己注目が高まった状態にはならないと考えられた。

　まとめると、この実験では、自己注目を高めるか否かが操作され（自己注目
条件と統制条件）、そのうえで、どちらかの集団の一般的な意見（自分が所属し
ている集団かそうでない集団か）を実験参加者に知らせたのである。そして、
その後、実験前に答えた9つの意見について、実験参加者に再度意見を求めた。
注目すべきは、「実験前の意見からどれほど変わったのか」である。

　実験の結果、自己注目条件で、かつ「自分の大学の他の学生たちの意見」を
一般的な意見として提示された実験参加者は、一般的な意見の方向へ自らの意
見を変えることが明らかにされた（**表 1.1**）。それに対し、自分たちが所属して
いない集団の一般的な意見を提示された場合や、自己への注目が高まらなかっ
た条件（統制条件）では、意見の変化は起こらなかった。これは、自己に注目し
たことで、自らにとって望ましい他者の意見（この実験では同じ大学の学生た
ちの意見）に近づけようという心理的な力が働いたことの証左であるとウィッ
クランドとデュバルは主張した。

　この実験に続いて、ウィックランドとデュバル[2] は、自己注目を高める操
作とその効果として、カメラを向けると不協和低減を行いやすいこと、鏡を向
けると外国語の転記作業が促進することを明らかにし、自己注目の効果を実証
した。

表 1.1　意見の変化量

	自分の声	他者の声
同じ大学の学生	3.56	1.76
施設の人々	0.30	1.10

数値が大きいほど、集団への一般的な意見の方向に自らの意見が変化したことを示す。
ウィックランドとデュバル（1971）より作成。

1.2.3 自己意識特性

　前述のウィックランドとデュバルの研究は、その後の研究に大きな影響を与えると同時に論争も引き起こした。特に論争の的となったのは、自分の声を聴く、カメラを向ける、鏡を向けるなどの実験操作で本当に自己注目が高まったのかである。

　ウィックランドとデュバルの想定では、これらの操作により、自己を客観的に自覚するような状態（つまり、自己が注目される状態）に実験参加者がなっていなければならない。しかし、もし、これらの操作が「生理的喚起を引き起こしていただけ」だとしたらどうだろうか。生理的喚起とは、くだけた表現をするならば、「ドキドキしている」ということであり、それにより遂行の促進・抑制の効果があることが知られている。彼らの実験結果は、自己への注目ではなく、この生理的喚起で説明できるのではないか、ということである。たとえば、彼らの鏡の実験を取り上げると、鏡に映る自分を見ることで生理的喚起が引き起こされた結果、単純な転記作業（書き写し）が促進したと解釈できる。少し緊張感が高まったほうが単純作業の効率は高まることは、直観的にも理解できるであろう。

　このような代替説明（自己注目ではなく生理的喚起である）に反論するには、実験操作により自己への注目が高まったことを示す積極的な証拠を示せることが理想である。しかし、そもそも自己は心理的な構成概念であり、そのような証拠を示すことは原理的に難しい。そこで、通常、実験社会心理学では代替説明の排除という形で反論する。この場合は、自己注目の操作が生理的喚起を引き起こしているわけではないことを実証することで反論を試みている[3]。

　また、違ったアプローチとして、自己意識の高まりやすいパーソナリティの人で意見変化や遂行の促進・抑制を確認する、というものがある。実験操作による影響に個人差があることを示すことで、自己が注目されたことの妥当性を高める試みである。そのようなアプローチの代表がバス[4]の自己意識理論である。

　この自己意識理論では、注目される自己に私的と公的の 2 種類があることが主張される。私的自己意識とは、自分の感情、動機づけ、思考などの私的で内的な側面に注意を向けやすい傾向のことで、公的自己意識とは、社会的対象としての自己を意識しやすい傾向のことである。たとえば、自分の気持ちや考え方を優先させる人は、私的自己を意識しやすい人であるし、人から観察できる容姿や言動に気を使う人は、公的自己を意識しやすい人である。

　この自己意識特性からのアプローチにより、特定の自己注目の操作で「自己に注目が行きやすい人」と「行きにくい人」が区別されるので、その予測どおりの結果が確認されることで自己注目の効果を主張できる。たとえば、鏡に自分が映ることで高まる自己は、私的自己意識特性が高い人で顕著であると予想されるので、そのような人のみでその後の効果が確認されれば、この実験操作が自己への注目を高めていたことの証拠となる。

　ただし、この自己意識特性のアプローチに対し、自己注目の効果を主張するウイックランドら[5] はむしろ批判的な議論を展開している。たとえば、このようにパーソナリティ特性を仮定しても、自己注目の操作により、どのように自己が注目されるのかのプロセスは説明されるわけではないし、そもそも、公的自己意識はパーソナリティ特性といえるのかどうかなど、パーソナリティ概念としての不明瞭さが批判されている。

　しかし、意識される自己を私的と公的に分ける考え方自体は私たちの直観とも符合する。また、パーソナリティ特性として測定できることで、実践的に応用することも容易になることは大きなメリットである。たとえば、鏡に映る自分を見ることは、特に私的自己意識を活性化させると予測されるが、そのような自己への注目は、個人の中の望ましい基準、すなわち「良心」に従った行動へ向かわせる力となる。たとえば、押見[6] は、市営地下鉄のホームに全身鏡を設置したことで投身自殺が減ったとの新聞記事を、自己への注目が高まった効果として紹介している。その際、自己への注目の操作を自己意識理論から理解することにより、具体的にどのような行動を促進、または抑制させたいのかを予測できるのである。

1.3 自己評価

　私たちは、対象化された自己に対して「よい」とか「悪い」といった評価を下せる。評価の手がかり(基準)には、外在するテストなどの客観的指標や、他者から評価される社会的フィードバックなど複数あるが、その中でも自己の社会性が強調される手がかりが、自己と他者を比べる社会的比較という方法である。

　社会心理学において、自己と他者の比較を理論化したものに、フェスティンガー[7] の社会的比較過程理論がある。社会的比較という現象自体は目新しいものではなく、これまで多くの哲学者や社会科学者によって検討されてきた。そのような多くの論考の中で、この社会的比較過程理論は、その後に実証研究を多く生み出したことが特徴である。

1.3.1　社会的比較過程理論

　社会的比較過程理論は、大きく9つの仮説で構成された理論であり、特に最初の3つの仮説が有名である。仮説1は大前提となる仮説であり、人には自らの意見や能力を評価しようとする本来の傾向があることが述べられる。ここでの自己評価は、環境に適切に対処するための正確な自己評価であると想定されている。仮説2では、客観的な指標で自己評価ができない場合に限り、人は他者と比較をすると述べられる。仮説3では、比較をする他者との意見や能力が自己のそれとかけ離れるほど、その他者との比較が「行われない」ことが述べられている。この仮説3は後に類似性仮説として広く知られることになった。具体的には、この仮説3の系として、比較可能な他者の中で自分と似ている他者が特に比較のために選ばれると述べられた。

　社会的比較過程理論が発表された後、この類似性仮説を中心に理論が検証された。その結果、明らかになったのは、理論で述べられている言明の不明確さと現象の複雑さであった。特に類似性仮説について、自己と他者の何が似てい

ることが類似となるのかが議論された。その結果、遂行や表明された意見の類似ではなく、それらから推論される能力や態度に影響する属性の類似であることが指摘された[8]。

　たとえば、大学生である自分が数学のテストで80点を取ったとしよう。自分の隣の他者の点数も80点であったとする。この場合、表に現れた遂行はまったく同じであるので、その意味では類似した他者である。ここで、その同じ点数を取った他者が数学科の大学生であった場合と、地元の中学に通う生徒であった場合の2通りを考えてみてほしい。前者では「自分もなかなかやるな」と思えるのに対し、後者では「この中学生は何者なのだろう？」と思ったり、「中学生と同じ点数をとった自分は数学を得意であるといえるのだろうか？」と思ったりと、いろいろ頭に疑問符が浮かぶであろう。

　これは、数学の能力について自己評価をする際に、表面的な遂行の類似ではなく、評価に有用な属性で類似している他者が比較には適切であることがわかる例である。この例の場合、数学の知識量や能力に関連する属性、たとえば学歴（同じ大学生か、それとも中学生か）が同じ他者と比較したほうが自己評価は容易である。つまり、数学の自身の能力を知りたければ、自分と同じ大学生、さらにいえば同じ学年であるとか、同じ専攻である他者と比較をするほうが、そうでない他者と比較するよりも自己評価にとって有用である。

　この関連属性の類似という考えは、当時の社会心理学の一般的な人間観とも付合しており、広く受け容れられることになった。しかし、その後の実証研究では、能力推論に有用な属性で類似した他者が必ずしも比較他者として選ばれるわけではないことを示す知見も示されている[9]。さらに、仮説2についても、客観的な基準があるにもかかわらず、他者との比較を望むことを示した研究もある[10]。そして、仮説1で大前提として想定されていた、正確な自己評価を目標とした社会的比較とは異なる目標が指摘されることになった。それは、自己高揚を目標とした社会的比較である。

1.3.2 自己高揚を目標とした社会的比較

　自己の基本的な目標（動機づけ）の一つに自己高揚がある。自己高揚とは、自己を肯定的に捉えようとする心的傾向である。そのほか、自己にかかわる目標には、正確な自己評価を求める目標や、自己を改善させようとする目標などが指摘されている。社会的比較過程理論における自己評価は、正確な自己評価を求める目標であると考えられていた。

　ただし、人は自分よりも劣った他者と比較をすることがある。具体的には、自尊心の脅威に晒されている人は、自己よりも劣った、または不遇な他者と比較をすることで自己を慰めるとの指摘がある[11]。また、社会的比較過程理論を検証した初期の実証研究でも、自分よりも劣った他者との比較が確認されている。このような「下向きの比較」は、フェスティンガーの社会的比較過程理論で説明することはできない。なぜなら、この理論では、正確な自己評価にとって有用でない他者との比較は避けるべき事象であり、下向きの比較はそのような有用でない比較の代表だからである。

　しかし、自己高揚が人間の根本的な目標の一つであるとの認識が研究者の間で共有されるにつれ、社会的比較によって達成できる目標の一つとみなされるようになってきた。つまり、自分よりも劣った他者と自己を比べることでよい気分になることは、自己を肯定することにつながるので、そのような比較をするのである。

　この自己高揚に基づく社会的比較のあり方により、社会的比較過程理論に次の2つの変更が加えられることになった。1つ目の変更は、仮説1で前提として述べられた、正確な自己評価を求めるのとは異なる目標で社会的比較が生起することである。2つ目は、仮説2の制約がなくても社会的比較が生起することである。つまり、客観的な基準だけで評価できる状況でも、人は社会的比較を求めることがある、ということである。そして、この自己高揚に基づく社会的比較への研究者の注目は、前述の類似性（仮説3）に対する問題関心を後景化させた。

1.3.3　自己評価維持モデル

(1)　自己評価維持モデルの概要

　前述の研究状況で、社会的比較研究に大きな影響を与えたのがテッサー[12]の自己評価維持モデルである。この理論の前提は、人は肯定的な自己評価を維持しようとする動機づけをもつということである。つまり、この理論は、自己高揚の目標をもつ人間観に基づいている。その目標達成のために、人は自己評価が肯定的になるようなさまざまな行為をする。そのため、自己評価が高まるような機会があれば積極的にそれを利用するし、自己評価が低まってしまう状況では、それを最小限にとどめようとする。

　では、自己評価を高めたり低めたりする状況とは、どのような状況だろうか。自己評価維持モデルでは、自己と特定の他者との遂行やでき具合の差がわかる状況を想定する。たとえば、自分が国語テストで 90 点であったのに対し、自分の友人が 30 点である状況を想定する。この場合、90 点と 30 点の遂行差である 60 点が遂行やでき具合の差である。このような遂行の差を、肯定的な自己評価になるように自他の認知や行動を変えるのである。ただし、この遂行やでき具合の差は、今の例のように数字で表すことができないものにも適用される。

　たとえば、大学生である自分と、内閣総理大臣であれば、有名であるかどうかの点では(多くの場合)自分よりも総理大臣のほうが有名になるので、自己よりも上位の他者となるし、体力の点では(多くの場合)自己よりも下位の他者となる。

(2)　反映過程と比較過程

　そして、遂行の差が自己に及ぼす影響に 2 種類の過程を想定する。1 つは反映過程であり、相手の優れた遂行により、自己評価に肯定的な影響をもたらす。たとえば、有名人と自分が友人であることを主張している人を見たことがないだろうか。有名人と友人であることを主張することは、その主張している人の

自己評価に肯定的な影響を与えているのである。つまり、その優れた人の肯定的な評価を「反映」しているから反映過程である。

　もう1つは、比較過程であり、相手の劣った遂行により、自己評価に肯定的な影響をもたらす。たとえば先ほどの国語テストで90点であったのに対し、自分の友達が30点であった例を思い出してほしい。もし比較過程が生じれば、自己が相対的に優れていることになるので、この遂行の差は自己評価に肯定的な影響を与えることになる。なお、この比較過程のプロセスが社会的比較に相当する。

(3)　心理的近さ、他者の遂行、自己規定領域との関連性

　この反映と比較の2つの過程は、「心理的近さ」と「他者の遂行」の2つの要素により影響が異なる。心理的近さとは、自分と親しい関係の程度である。たとえば、知人より友人や親族のほうが心理的に近いということである。心理的に近い他者ほど、反映過程や比較過程の影響が大きいと想定される。次に、他者の遂行とは、自分よりも遂行が優れているか、または劣っているかである。先ほどの遂行やでき具合といった主観的な知覚に基づくが、特に当該の他者の遂行やでき具合の評価に重点が置かれるので、その他者の遂行が一般的にどう評価されているのかも重要なポイントになる。

　次に、自己評価維持モデルでは、この反映過程と比較過程を決める要因として、「自己規定領域との関連性」が導入される。自己規定領域とは、わかりやすくいうと、その領域が自分にとって重要かどうかである。つまり、自分にとって重要であれば、自己規定領域との関連性が強く、自分にとって重要でなければ、自己規定領域との関連性が弱いということである。そして、自己規定領域との関連性が強ければ比較過程、関連性が弱ければ反映過程が生起する。

(4)　自己評価維持モデルから予測される行動

　以上をまとめると、自己評価維持モデルでは、当該の他者に対して「心理的近さ」、「（自己と）他者の遂行」、「自己規定領域との関連性」の3つを人は柔軟

に変えることで自己評価を肯定的にしようとすることが予測される。たとえば、自分と友人の例で、先ほどとは異なり、物理テストで自分は40点、相手は80点だったと想定する。友人は心理的に近い相手であり、自己にとって物理という領域が重要であったとする。つまり、物理は自己規定領域との関連性が強い。この場合、比較過程が生起し、遂行の差が自己評価に否定的な影響を与える。これは、自己高揚の目標からすると避けるべき事態となる。さて、これを防ぐにはどうすればよいだろうか？

　自己評価維持モデルから考えると、心理的近さ、他者の遂行、自己規定領域の関連性のいずれかを、人は操作すると予測される。たとえば、他者の遂行を操作する場合は、相手を貶めることで自己評価の否定的な影響をなくし、肯定的に変えることができる。もちろん、ここでの他者の遂行は自己と他者の相対的な位置であるので、自己の遂行をよくする行動（自分が頑張る）ということも予測される。なぜなら、自己が相手よりも優れていれば、比較過程において自己評価は肯定的になるからである。なお、自己の遂行を上げようとするか、または他者の遂行を下げようとするかのどちらが行われるかは、どちらのほうが

表 1.2　自己評価維持モデルから予測される行動

調整の対象	予測される行動	その他の要素
心理的近さ	心理的近さを減少させる	自己規定領域の関連性が強く、かつ他者の遂行が自己よりも上
	心理的近さを増大させる	自己規定領域の関連性が弱く、かつ他者の遂行が自己よりも上
（自己と）他者の遂行	自己の遂行を上昇、または他者の遂行を低下させる	心理的に近く、自己規定領域の関連性が強い
	自己の遂行を低下、または他者の遂行を上昇させる	心理的に近く、自己規定領域の関連性が弱い
自己規定領域の関連性	自己規定領域の関連性を弱める	心理的に近く、他者の遂行が自己よりも優れている
	自己規定領域の関連性を強める	心理的に近く、他者の遂行が自己よりも劣っている

容易にできるかによって決まる、とテッサーは述べている。

　さて、この例は、自己と他者の遂行を操作する方法であるが、それは一例に過ぎない。それ以外にも心理的近さや自己規定領域との関連性を変える方法もあり、**表 1.2** のように導き出せる。このように、心理的近さ、自他の遂行、自己規定領域との関連性を、自己高揚の目的に沿うように変化させることで、網羅的な予測が導き出せることが自己評価維持モデルの特徴である。

1.3.4　自己評価維持モデルの実証例

　どのような理論やモデルであれ、実験や調査などで実証されることが必要である。もちろん、自己評価維持モデルも例外ではない。テッサーら[13]は小学生の児童を対象にして、自己評価維持モデルに基づく反応が観察されるかどうかを実験している。

　この実験では、はじめに児童に対して「一緒にいたいクラスメート（心理的に近い他者）」および「一緒にいたくないクラスメート（心理的に近くない他者）」を 1 人ずつ選んでもらった。さらに、それぞれの児童の自己規定領域との関連性を調べるため、学業や芸術などの領域から「もっとも重要な活動と次に重要な活動」および「もっとも重要でない活動と次に重要でない活動」を選択してもらった。そして、その調査の 1 週間後、もっとも重要な活動領域と、もっとも重要でない活動領域について、「自分」、「一緒にいたいクラスメート」、「一緒にいたくないクラスメート」のそれぞれの遂行に評定を求めた。

　その結果、自己規定領域との関連性が弱い（つまり自分が重要だと思わない）活動では、「一緒にいたいクラスメート」よりも自己の遂行を低く評価していたが、自己規定領域に関与している活動では「一緒にいたいクラスメート」よりも自己の遂行を高く評価していることが明らかになった（**図 1.1**）。これは自己評価維持モデルの予測と一致する結果であるといえる。

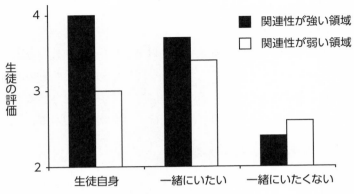

テッサーら(1984)より筆者作成。

図 1.1 活動領域の評価

1.4 他者に見せる自己

　本章の冒頭で述べたように、私たちは「このように見てほしい自分」を意識することがある。また、嘘偽りのない本当の自分を知ってほしいと思うこともあるだろう。そのような思いは、私たちの日々のコミュニケーションに大きく影響する。自己研究では、自己呈示や自己開示のテーマのもとで、これらの心理・行動傾向が検討されてきた。以下では、それぞれ基本的な事項を概観する。

1.4.1 自己呈示

　自己呈示とは、他者に対して自分をどう見せるのか、という問題にかかわる。ジョーンズとピットマン[14] によれば、自己呈示とは、自己に対する他者の帰属を誘発、あるいは形成することを目的とした行動である。たとえば、何かに成功したら、自己の内的な特性(永続的な能力)に結びつけて考えてほしいと他者に望むだろう。この場合は、その成功は自己の特性が原因である(原因帰属)と、他者に思われるように行動することが自己呈示となる。また、何か失敗したら、自己の内的な特性に結びつけてほしくないと他者に望むであろう。この

場合は、その失敗は自己の特性が原因ではないことを他者に思われるように行動することが自己呈示となる。

　このような自己呈示行動は多岐にわたるが、その整理を試みたのがテダスキとノーマン[15] である。彼らは、自己呈示行動を①戦術的か戦略的か、②防衛的か主張的か、の2次元で分類することを試みている。①は、特定の対人場面において一時的に生じる行動である戦術的自己呈示か、または長期にわたる印象づけをねらった戦略的自己呈示である。また②は、他者が自己に対して否定的な印象を抱くことを防ごうとする防衛的自己呈示か、または特定の印象を積極的に与えようとする主張的自己呈示である。これらを組み合わせて自己呈示行動を分類したものが**図 1.2** である。たとえば、就職面接で「有能な自分を見てもらいたい」というのは、戦術的で主張的な自己呈示である自己宣伝であるし、約束の時間に遅れた際に「道が混んでいたから」などと言い訳することは、戦術的で防衛的な弁解である。

　図 1.2 で示したように、個々の自己呈示行動は、直感的にわかりやすいものが多い。しかし、この自己呈示行動の究極的な目的（機能）を理解しようとする

	戦術的	戦略的
防衛的	弁解 正当化 セルフ・ハンディ キャッピング 謝罪 社会志向行動	アルコール依存 薬物乱用 恐怖症 心気症 精神病 学習性無力感
主張的	取り入り 威嚇 自己宣伝 示範 哀願 称賛付与 価値高揚	魅力 尊敬 威信 地位 信憑性 信頼性

テダスキとノーマン（1985）、安藤（1994）より筆者作成。

図 1.2　自己呈示行動の分類

と、途端に困難になる。たとえば、リアリィとコワルスキ[16] は、自己呈示の主要な機能として、「報酬の獲得と損失の回避」、「自尊心の高揚と維持」、「アイデンティティの確立」を挙げている。また、テダスキとリス[17] は、対人関係の中での長期的な影響の観点から、「行為者の社会的アイデンティティおよび状況を定義する」、「否定的な行為と自分を引き離すことによって非難や社会的不承認を回避する」、「自尊心を維持する」、「特定の相互作用場面において他者に影響を与える」、「他者に対する勢力、影響力を確立する」、「"良い‐悪い"、"強い‐弱い"という印象を作り出す」という 6 つの機能を挙げている。

　自己呈示行動の機能を特定する際の困難さには、次の 2 つの理由がある。1つは、それぞれの機能が独立に特定の自己呈示行動に結びつくわけではないということである。たとえば、自己宣伝は「報酬の獲得」を目的とするのと同時に「自尊心の高揚」も目的とするであろう。個々の機能に一対一対応する自己呈示行動を想定できない限り、機能の特定は困難である。もう 1 つは、そもそもどのような行動が自己呈示であるのか、つまり自己呈示の定義に完全な合意がないことである。

　安藤[18] は、この問題を 4 つの側面から議論している。1 つ目は、呈示する内容の範囲について研究者間で一致していないことである。もし、自己呈示を戦略的に捉えるならば、自己呈示は必ずしも虚偽の内容を含む必要はない。それに対し、特定の場面における戦術的自己呈示には虚偽の要素も多くなる。呈示内容の虚偽性ひとつをとっても、それら双方を含んだ定義を述べることは困難である。

　2 つ目は、自己呈示で印象づけようとする主体の範囲が研究者間で一致していないことである。たとえば、私たちは自己だけでなく、他者の印象も操作する（これを印象管理という）。さらには、集団や組織などのマクロな対象についても、それを主体として述べることができ、それを自己呈示の主体とすることもできる。そこで、自己呈示を定義づけようとする場合、どの対象までを自己呈示の主体として許容するのかに幅が存在するのである。

　3 つ目は、呈示する相手についても研究者間で一致していないことである。

これについては、特定の他者に限定することで明確にできそうではある。しかし、自己呈示の影響する範囲を考えると、たとえば「自分自身へ呈示している」ということも考えられる。実際、他者に知られない状況でも、自分にとって都合のよい自己評価をすることなどが知られている。このような「自分の中なる聴衆」、すなわち自分自身に向けて自己呈示していることを認めることで、自己呈示の研究は広がりを見せるが、同時に定義づけも困難にさせてしまうのである。

　最後の4つ目は、自己呈示を意識的なものに限定するのか、または無意識的なものまで含めるのかということが研究者間で一致していないことである。身だしなみを整えることや、セールスパーソンの接客などは、意識して行うこともあるし、それを何度も繰り返すことで、習慣的に行う(つまり無意識的に行う)こともできるであろう。さらに、意識的か無意識的かを単純に二分することが難しい行動も多々あるので、この観点からも自己呈示を定義づけるのは困難であろう。

　以上の安藤の議論は、日常の例ではわかりやすいと思える自己呈示行動を、学問として探求することの困難さを端的に示している。しかし、このような自己呈示の定義づけの困難さは、同時にこの行動が個人の内的な心理過程にとどまらず、広く人間の社会行動全般に影響していることも示している。

1.4.2　自己開示

　自己開示とは、「本当の自分」を他者に見せる行為である。ただし、前項で述べた自己呈示と区別するのは次の2つの理由で難しい。1つは、自己の情報を他者へ伝達する際、その内容が自己呈示か自己開示かを区別するのが困難なことである。これは、観察者だけでなく、本人にとっても難しい。

　もう1つは、自己開示をしても、相手は自己呈示と思うかもしれない、ということである。たとえば、「環境保護を行うべきだ」と本当に思って主張しても、他者からは「意識が高そう(人を揶揄する表現)」などと受け取られるのは、相手から自己呈示と思われているからである。

　さて、このような自己開示も、自己呈示と同様に定義が難しい。シュレンカー[19]は、相手に影響を与えることの重要性の程度として自己呈示と自己開示を連続的に捉えることを提案している。つまり、自己呈示と自己開示は程度の違いであり、本質的な違いはない、という立場である。また、アルトマンとテイラー[20]は、自己に関する情報の中でも内面性の程度が高いものが自己開示であると考え、次の 4 つの特徴を挙げている。

　　①　一般性が高いエピソードを伝達する。つまり、特定のエピソードだけ話すことではない、ということである。

　　②　可視性が高いエピソードを伝達する。つまり、はっきりと具体的にわかる話であること、ということである。

　　③　そのエピソードには自己の望ましくない側面が含まれる。

　　④　エピソードの伝達には、しばしば強い感情を伴うことがある。

　これらの特徴は、自己開示を、自己呈示とは異なるものとして捉えることを可能にする点で有用である。

　また自己開示は、対人関係を発展させるためにも重要な行動である。具体的には、自己開示によって開示者、非開示者ともに報酬を得られる。ここでの報酬とは、たとえば、話すことで開示者も気持ちが晴れるであるだとか、話してくれることで非開示者が嬉しいと思うことなどである。このような相互の報酬は、その二者が親密になる過程で重要な影響を及ぼす。

　さらに、この開示による報酬は返報性というルールが組み合わさることにより、対人関係をさらに発展させることになる。たとえば、友人から自己開示を受けることで、自分からも自己開示をしようという気持ちになったことはないだろうか。または反対に、自分が自己開示をしたことで、相手も自己開示をしてきたという経験はないだろうか。なお、自己開示の程度、つまりどの程度まで自己の情報を明らかにするか、という側面でも返報性ルール（**第 5 章**を参照）が働く。つまり、「自分がこの程度話したのだから、相手にもこの程度話してほしい」という気持ちが働くのである。この自己開示の返報性は、二者間の親密化過程の大事な要素である。

1.5 本章のまとめ：自己研究の展開

　自己は、社会と対置される概念と一般的には思われている。人が実際に自己を意識する際には、同時に目の前の他者を意識することはあっても、他者の集まりである社会との関係を意識することはほとんどない。

　しかし、社会心理学における自己研究から示されることは、自己は人が社会に適応するための心理装置である、ということである。たとえば、自己開示における返報性ルールは、適応的な対人関係のために欠かせない。もしこのルールを無視して適切な量の自己開示を行わなければ、相手から「引かれて」しまうだろう。

　私たちは、自己があることにより、認知、感情、行動を組織でき、過去の行動を記憶し、未来への計画を立てることができる。これらは社会に適応するために必要な機能である。たとえば、認知、感情、行動が組織できない、つまり制御できない人は、どのような振る舞いをするのかがまったくわからない人である。また、過去の行動を記憶して、未来への計画を立てることができない人は、ただただ現在を生きている人である。私たちの社会において、このような傾向をもつ人は不適応とみなされてしまうかもしれない。

　本章では、「自己意識」、「自己評価」、「自己呈示と自己開示」を概観してきた。このほかにも、自己研究には重要なトピックが数多くあるが、そのどれもが、自己の社会適応の側面を示唆している。たとえば、自己概念と密接に関連する道徳的感情や、「真の自己（本当の自己という感覚）」に関連する研究[21]などは、その典型である。

　また、自己があることによる負の側面にも着目しなければならない。たとえば、図 1.2 の中に「アルコール依存」や「薬物乱用」といった行動があったのを思い出してほしい。これらは、失敗して自己が傷つくのを防ぐために行われる自己呈示である。もちろんアルコール依存や薬物乱用のすべてが自己呈示で説明できるわけではないが、これらの行動の背後に自己がかかわっている可能

性は、「自己＝適応」と単純に結論づけることを防ぐ意味でも大事である。この他にも、自己が思い込みや偏見の源になったり、それを意識できないことで修正することが難しかったりなど、さまざまな負の側面が検討されている。

このように、自己という日常的な心理現象は、人間の社会生活のさまざまな場面に影響を与える。日常的ゆえに学問として探求するのが難しいテーマであるが、自己という心理装置を備えた主体が社会を構成するという、社会心理学的な自己観は、社会科学の基礎的な知見として共有されるべきであろう。

第1章の引用・参考文献

[1]　James, W.(1890). *The principles of psychology*. New York:Henry Holt.(ジェームズ, W. 今田寛(訳)(1992). 心理学(上) 岩波書店)

[2]　Wicklund, R. A., & Duval, S.(1971). Opinion change and performance facilitation as a result of objective self-awareness. *Journal of Experimental Social Psychology, 7*(*3*), 319-342.

[3]　Carver, C. S., & Scheier, M. F.(1981). The self-attention-induced feedback loop and social facilitation. *Journal of Experimental Social Psychology, 17*(*6*), 545-568.

[4]　Buss, A. H.(1980). *Self-Consciousness and Social Anxiety*, San Francisco:Freeman.

[5]　Wicklund, R. A., & Gollwitzer, P. M.(1987). The fallacy of the private-public self-focus distinction. *Journal of Personality, 55*(*3*), 491-523.

[6]　押見輝男(1992). 自分を見つめる自分：自己フォーカスの社会心理学　サイエンス社

[7]　Festinger, L.(1954). A theory of social comparison processes. *Human Relations, 7,* 117-140.

[8]　Goethals, G. R., & Darley, J. M.(1977). *Social comparison theory:An attributional approach*. In J. M. Suls, & R. L. Miller(Eds.), Social Comparison Processes:Theoretical and Empirical Perspectives(pp.43-68). Washington DC:Hemisphere.

[9]　Miller, C. T.(1984). Self-schemas, gender, and social comparison:A clarification of the related attributes hypothesis. *Journal of Personality and Social Psychology, 46* (*6*), 1222-1229.

[10]　Klein, W. M.(1997). Objective standards are not enough:Affective, self-evaluative, and behavioral responses to social comparison information.

Journal of Personality and Social Psychology, 72(4), 763-774.

[11]　Wills, T. A.(1981). Downward comparison principles in social psychology. *Psychological Bulletin, 90(2)*, 245-271.

[12]　Tesser, A.(1988). *Toward a self-evaluation maintenance model of social behavior*. In L. Berkowitz(Ed.), Advances in experimental social psychology, Vol.21. Social psychological studies of the self:Perspectives and programs(pp. 181-227). Academic Press.

[13]　Tesser, A., Campbell, J., & Smith, M.(1984). Friendship choice and performance:Self-evaluation maintenance in children. *Journal of Personality and Social Psychology, 46(3)*, 561-574.

[14]　Jones, E. E., & Pittman, T. S.(1982). Toward a General Theory of Strategic Self-Presentation. *Psychological Perspectives on the Self, 1*, 231-262.

[15]　Tedeschi, J. T., & Norman, N.(1985). *Social power, self-presentation, and the self*. In B. R. Shlenker(Ed.), The self and social life(pp.293-322). New York:McGraw-Hill.

[16]　Leary, M. R., & Kowalski, R. M.(1990). Impression management:A literature review and two-component model. *Psychological Bulletin, 107(1)*, 34-47.

[17]　Tedeschi, J.T. & Riess, M.(1981). *Impression Management Theory and Social Psychological Research*. New York:Academic Press.

[18]　安藤清志(1994). 見せる自分 / 見せない自分 : 自己呈示の社会心理学　サイエンス社

[19]　Schlenker, B. R.(1984). *Identities, identifications, and relationships*. In V. Derlega(Ed.), Communication, intimacy and close relationships(pp.71-104). New York:Academic Press.

[20]　Altman, I., & Taylor, D. A.(1973). *Social penetration:The development of interpersonal relationships*. New York:Holt, Rinehart & Winston.

[21]　Jiang, T., & Sedikides, C.(2022). Awe motivates authentic-self pursuit via self-transcendence:Implications for prosociality. *Journal of Personality and Social Psychology, 123(3)*, 576-596.

第2章
対人関係を築く

2.1　対人魅力と好意的人間関係

2.1.1　外見的魅力

　対人魅力とは、人が人に好意を抱く現象や条件を取り扱う分野である。好意には友情や恋愛感情などさまざまなものがあるが、本節では主に恋愛感情とは異なる一般的な好意を取り上げていく。好意は、多くの社会行動場面において、その行動を規定する重要性な要素である。好意はコミュニケーションとも関わりがあり、好意を抱く相手には積極的に接近し、多くのコミュニケーションを行う傾向があり、それがさらに絆を強める。このように、好意は、人と人のつながりを基底的に支えるものであるが、その基盤の一つとして、外見的魅力を取り上げることができる。

　外見的魅力が高いことによって、その人物の他の特性も好意的に見られるということがある。これはハロー効果と呼ばれる。ハロー効果とは、1つの肯定的な特徴が他の特性に反映するように広く用いられる概念である。1つの長所によって後光が差すように他の特徴も照らされて、よく見えるということである。

　さらに、外見的魅力は恋愛感情にも影響を及ぼし、初期の関係でデートを申し込むことになるかどうかが検討された研究があり、これを紹介する。

　ウォルスターら（Walster et al., 1966）は、大学の新入生に対して、最初に新入生歓迎行事として大学で開催されるダンスパーティの機会を活用してフィールド実験を行った。人の外見的魅力が、好意やその後のデートの成立などにど

のくらいの影響を及ぼすかを検討するのが目的であった。

　新入生にチケットを販売したり、簡単なアンケートをとったりする中で、観察者 4 名が一人ひとりの外見的魅力を評定して、その平均値に基づいて、男女ともに外見的魅力について高群、中群、低群を設定した。男女はほぼランダムに組み合わせられて、パートナーとして 2 時間半を一緒に過ごした。その後、男女で部屋を分けられて、どのくらい好ましく思ったかや、デートをしたいと考えるかなどのパートナーに対する質問に回答した。結果は、**表 2.1** に見られるように、全般的に外見的魅力が高いほうが好意的に評定されることがわかった。

　一方、デートの成立という点では、必ずしも高群が常に有利ということではなかったことが知られる。これは次項のマッチング仮説を参照するとわかりや

表 2.1　ウォルスターの実験における相手への評価

		相手の外見の魅力度		
		低	中	高
相手への好意度	男子低	.06	.57	.90
	男子中	-.10	.58	1.56
	男子高	-.62	.16	.82
	女子低	.03	.71	.96
	女子中	-.10	.61	1.50
	女子高	-.13	.21	.89
相手とデートをしたいと思った比率	男子低	.41	.53	.80
	男子中	.30	.50	.78
	男子高	.04	.37	.58
	女子低	.53	.56	.92
	女子中	.35	.69	.71
	女子高	.27	.27	.68
その後のデート回数	男子低	.09	1.23	.73
	男子中	.30	.94	.17
	男子高	.00	2.08	.53

すいが、恋愛市場における交渉においては、単純に値が高いことだけが成立要因になるとは限らないことを示しているといえる。

2.1.2 マースタインのマッチング仮説

マースタイン(Merstein, 1972)は、すでに付き合っている99のカップルについて、2人の顔写真を撮り、第三者にその外見的魅力を評定してもらった。5名の評定者の平均値について、カップルで照合して、その評定平均値の差が0.5未満の組合せが60あることがわかった。すなわち、カップルにおいては、外見的魅力が類似している傾向を見出した。これは比較基準として、カップルでなく、ランダムに組み合わせた場合に比べて、魅力の値が類似しているということを根拠にしている。

また、人は付き合いの申し出を断られない可能性をある程度見込みたいという心理が、比較的魅力水準の近い者にアプローチする恋愛行動の基盤としてあるのではないか、と考えられている。

2.1.3 近接性

友人関係となるきっかけは、幼少のころであれば、近所でよく遊んでいたとか、学校の出席番号や座席が近い、中高では帰り道などが一緒など、コストが低く接触回数が多くなるような機会が友人形成に影響を及ぼすものと想定できる。

フェスティンガーら(Festinger et al., 1950)は戦後、大学生たちが大学地域内の住居に住むことが多い事態を利用して、近隣関係の効果を検証した。すると、実際、アパートやあるいは戸建て利用のファミリーであっても、隣人との友人成立の確率は、少し離れた(それでも近隣であるが)、戸口の者よりも高くなっている現象を見出し、近くに居住する近接性の効果が対人魅力の要因たり得ることを示した。

2.1.4 相互作用

こうした相互作用は当然、肯定的な内容によって強められることは容易に想像され、コミュニケーションがポジティブなものであれば相手を好む、という返報性が存在することが予測される。そこで、アロンソンら（Aronson & Linder, 1965）は、実験の仕組みとして自然に自分に対する他者の評価を耳にする機会を与えるような実験を行った。

実験参加者 A には、ことばに含まれる一定の要素（複数語）が現れたら会話相手の実験者がうなずきを与えるという強化によって、会話相手の発話が影響を受けているかという実験であり、A の役割は、実験者たちが会話している間、助手役として会話をモニターして、複数語の使用数をカウントして記録することである、と説明された。さらに、実験者以外の会話においてもこの効果があるのか検討するために、A と実験者は交代で相手と会話を行う。会話相手としての実験参加者 B は、実際にはあらかじめ仕組まれたシナリオによって発言を調整する実験協力者であった。

A には、「A と B は 7 回の会話を行うが、B に対しては、A の印象を B に尋ねて答えてもらう、という印象形成の実験であると説明されている、という設定である」と説明された。実際には、A との会話の中で、B（実験協力者）はあらかじめ定められた 4 種類のパターンのうちいずれか 1 つのパターンを示していく。すなわち、会話中に A との会話を「興味深い」、「つまらない」とポジティブあるいはネガティブな評価を決められたパターンで話すのである。

実験の最後に、参加者 A は、参加者 B に対する印象について、好意度を -10 から +10 の範囲で尋ねられた。条件ごとのその平均値が**表 2.2** である。

7 回の会話で、表 2.2 のように、中間の 1 つ中立をはさんで、ポジティブ、ネガティブが変わることがある。すると、ネガティブから後半ポジティブに変化したケースにおいて最も B の評価が高く、ポジティブからネガティブへ変化したケースにおいて最も B の評価が低かった。ここから、好意は単純にポジティブ発言の総量やネガティブ発言の総量によって規定されているのではな

表2.2 話し相手となった参加者(B)への好意度

印象の変遷(間に中立を挟む)	好意度の平均値(SD)
ポジティブ→ポジティブ	+6.42(1.42)
ポジティブ→ネガティブ	+0.87(3.32)
ネガティブ→ポジティブ	+7.67(1.51)
ネガティブ→ネガティブ	+2.52(3.16)

いことがわかった。この結果は、変化があったほうが会話の原因が明確になり、得られる評価の得失が大きくなるのではないかと解釈された。

つまり、行儀よくずっとポジティブな発言をしてもらえているケースより、ネガティブな評価をし得る人が、会話を重ねるに従って相手をしっかり評価し、会話経験に基づいて、最終的に興味深い人であるという評価が確立するケースのほうが、実質的に強くポジティブに評価された実感をもちやすくなるというものである。

このように、他者から自身がいかに評価されているかという点から、私たちは自身を意味のある形で高く評価してくれる者を好むという法則性を示しているものと考えられる。

2.1.5 自己開示

友人関係の親密さが進展するには、互いについての情報を知り合っていくことも大切である。アーガイルとヘンダーソン(Argyle & Henderson, 1985)は、友人関係の形成のプロセスを整理する中で、自己開示の影響を指摘している。自己開示とは、自身の個人情報、出身地や、趣味などについて、自分のことを他者に知らせるコミュニケーションを指し、とりわけ関係構築の初期には活発に行われることが知られている。しかし、自己開示にはタイミングや適切さといった要素もある。一方がある程度の自己開示を行うと他者もそれに応じて自己開示を返してくる。これを自己開示の返報性ないし相互性と呼ぶ。自己開示

には深さがあり、当たり障りのない趣味の話から個人の悩み、深い家庭の内情や何らかのカミングアウトといった極めて深いレベルまで多岐にわたる。

相手がまだ浅い自己開示しか示していない段階で、いきなりこちらが深いレベルの自己開示を始めれば、相手は戸惑い、否定的な気持ちを感じるかもしれない（Kaplan et al., 1974）。自己開示はただ深く、多く開示すればそれでよいといったものではない。状況に応じた開示の柔軟性が重要性である。

2023年の筆者のゼミ調査（北村ほか、発表準備中）では、現在大学生である者において、長い付き合いのあった高校時代の友人に対するほうが、大学生からの友人よりも平均して自己開示度は高く、またその自己開示度と相関する形で人間関係満足度が評価されていた。大学では、現在の友人への自己開示度と人間関係満足度との相関関係はより弱いものであって、現代の大学生活において、必ずしも深い自己開示が友人として日常接することについての必要条件にはなっておらず、より表面的な無難な関係によっても友人関係が円滑に運営されていることが窺える。

一方で、ある程度の自己開示は精神的傾向にも良好な効果があり、自身の現況を知り、何かの際にサポートが得られる関係を維持する効果もある。とりわけ困難に遭遇し、自身が受けた心的外傷経験などにおいては、まったく誰にも話す機会をもてずにいると、心理的適応が悪化していくことがあるという（Pennebaker, 1989）。他者に語ることや、筆記によっても自己の経験を外側に書き出すことは有効である（Pennebaker, 1989）。

2.1.6 社会的交換

ここまで述べたように、人間関係の中では、バランスや公平さをうまくとりつつ付き合うことが求められるが、自分だけが一所懸命尽くすように入れ込んでも相手が自分と同様の心的労力の投入が見られないと、関係は長続きしない。

衡平理論に基づいてアダムス（Adams, 1963）は、以下のような関係が成立することを重視している。

$$Oa/Ia = Ob/Ib$$

Oはアウトプット、得られる成果であり、Iはインプット、そのための労力などを支払ったコストである。これは、報酬の分配場面で提起され、人は提供した労働に見合って報酬を受け取ることが釣り合っていないといけないことを示したものであった。これを人間関係に発展させて、その関係について投入したコストに対して得られるメリットがaとbの2人の間で釣り合っていることが望ましい、ということを示したものである。投入するものは、たとえばフォア（Foa, 1971）による人間社会で取り扱うリソースについて、金銭、物品、労力、地位、情報、愛情という6つを挙げていることが参考になる。

友人関係においても引っ越しを手伝うような労力から、よいお店を教える情報など、さまざまな日常的やりとりがあって、いわば一方だけが儲けすぎてはいない衡平な関係が望まれるのである。

2.1.7 認知的斉合性理論

態度変化の理論でもあるが、対人場面に適用されたいくつかの認知的斉合性理論と呼ばれるものを取り上げよう。

一般的にさまざまな事物に抱く評価としての態度について、ハイダー（Heider, 1958）は先駆的な理論であるバランス理論を展開した。図2.1のように、ユニット関係とされるP（認知者）とO（他者）が、X（態度対象）に対していかなる評価をしているかを見ていく。たとえばあるTVドラマをPもOも好

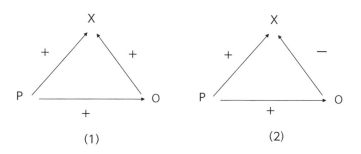

(1)　　　　　　　　(2)

図2.1　認知的バランス理論

きであれば、互いに親近感を感じるし、その話で盛り上がることもできる。こ
れはバランスのとれた安定した関係が維持される状態である。

　しかし、(2)のように、Pが好んでいる対象XをOが嫌っているとすれば、
この関係にはバランスを崩す緊張要素が入り込む。こうした緊張を人は不快に
感じるので、バランスを取り戻すために、変化が引き起こされ、その1つが態
度変化というプロセスになるという。2人ともXを好きになるなどといった解
決がその変化の一つである。

　これを日常的な世界に紐解いて考えてみると、同じ趣味や考えをもっている
者たちが仲良くなりやすいということにもなる。これを態度の類似性の効果と
いう。

　ニューカム(Newcomb, 1960)はこれを受け継いで、大学新入生の友人関係
にそういった態度の共有といった要素があるかどうか調べた。入学当初さまざ
まな対象についての態度を測定しておき、半年後の友人関係を調査した。する
と、当初の態度において類似している者たちが友人関係となりやすいことが見
出された。

　バーンとネルソン(Byrne & Nelson, 1965)はこれを実験的に確証した。事前
に回答した態度質問紙に基づき、その回答と似せたもの、似せないものなど、
段階的に類似性を実験的に操作し、他者が回答したとされる質問紙を実験参加
者に提示して、その人物への評価をいくつか行わせた。その結果、その質問紙
に回答した人物に対する好意度は、かなり自身との態度の類似性に規定されて
いることがわかったのである。

　これによって、態度が似ていることは、友人関係を育むうえで、促進要素と
なることがわかった。

　こうして2人の間の関係性の強弱に関わる現象について、ハイダーとニュー
カムは取り上げてきたが、こうした認知上の斉合性を重視する観点はさらに
フェスティンガー(Festinger, 1957)において発展し、一人の人物の認知の中で
もこうしたバランス、斉合性が重要な役割を果たしていることが提起された。
これが認知的不協和理論というものである。人が抱く2つの考えや態度、行動

の間に、亀裂、不協和が生じると、人はやはりそこに不快感を抱く。この不快感を低減するために、いずれかの態度を変容させて、人は調和の取れた状態を回復しようとする、と考えられている。

　たとえば、これは親密な人間関係に見られる IPV（Intimate Partner Violence）、家庭内では DV と呼ばれることも多いこうした暴力について、認知的不協和理論の立場から考察することができる。

　DV を振るわれても、振るわれた側からすぐに別離するとは限らないことが知られているが、一旦パートナー関係を成立させるには、それなりのコスト、労力や愛情の投入があったわけなので、それを否定すると、その投入が無駄のように思えてしまうのである。その決断が失敗であったとすれば、考え方によっては、自分の決断が愚かであったという認識にもなる。

　これは「よいパートナーのはずである」という認知と、日常実際に「暴力を振るわれている」という現象が、うまく両立せずに不協和を呈している状況である。すると、過去の労力投入は取り返しがつかないので、それを守るような認知、「一時的な現象かもしれない」、「たまたま今回虫の居所が悪かったのだ」、「自分に何らかの責任があったので今後気をつければよい」と、このまま関係を維持し続けても解決可能であるかのような過度に楽観的な見通しをもって、相手が変化すると考えたり、自分に責任があると自責的に捉えて、自分のほうが行動変容をしようと努力したりすることになる。

　認知的不協和理論の法則が、人生を健全に前向きに進めることを妨げてしまうこともあるのである。このことが心理法則としてわかれば、自身をより客観的に捉えて、一歩を踏み出すこともできるかもしれない。

2.2　社会的態度

2.2.1　態度の 3 要素

　オールポート（Allport, 1935）は、態度を「経験によって組織化された心的・神経生理的な準備状態であり、関連する対象や状況への個人の反応に直接ある

いは力動的な影響を及ぼす」と定義した。現在では、評価概念を中心とした見方によって、感情要素を伴った一種の判断である態度を評価と同一視する研究者もいる。

態度の3要素として、ローゼンバーグとホブランド(Rosenberg & Hovland, 1960)は、認知成分、感情成分、行動成分を挙げた。認知成分は、意見に対する賛否に見られるような、同意や客観的な良否の評価なども含み、必ずしも個人の動機づけが影響するとは限らない。感情成分は、個人的な好悪や嗜好性を反映したものを中心にした評価である。行動成分は、接近－回避で表されるようなもの、つまり、実際の利用傾向(好んでいる商品はよく使う)などから、個人の志向性を知る手がかりとして行動の情報を活用するものである。

このように態度は日常使いの「授業態度」などの言葉とは異なり、基本的に人の内部にある、いくぶん持続性のある反応傾向で、ポジティブ－ネガティブという二極をもつ。広くポジティブ－ネガティブという概念を用いれば、賛成(認知)も好き(感情)も接近傾向(行動)もすべてポジティブなものとしてまとめることができるだろう。

バランス理論のように、他者との関係が自分の意見や嗜好性に影響を及ぼすこともある。一般に、周囲がどのような態度を論点に対してもっているかは自身の態度に影響する。これは自身の意見の社会的妥当化と呼び、「みんなが賛成しているから賛成」という具合に働く。

2.2.2　偽りの同意効果と多元的無知

しかし、実は周りの意見が常に客観的に知られるとは限らない。フォールス・コンセンサス(偽りの合意性現象)というものが知られており、人は自分の有する意見が一般的であり、世間的にも多数が同じ意見をもっているだろうと考える傾向があるという(Ross et al., 1977)。

ギロビッチら(Gilovich et al., 1983)は、さまざまな選択状況、たとえば、食べるとしたらハムサラダか玉子サラダか、子供の名前をつけるとしたらジェニファーかアリソンか、住むならキャンパスの北側か西側かなどについて、どち

らがよいか大学生たちに尋ねるとともに（選択肢をA、Bとする）、大学生はどれくらい選択肢Aを選ぶかを推測させた。そして、選択肢Aを選んだ者のAについての他者の推測割合（他の大学生たちはどれくらい選択肢Aを選ぶと思うか）と、選択肢Bを選んだ者のAについての他者の推測割合を比べると、多くの場合、前者のほうが高いことが示された（例に挙げた3つではすべて有意差が見られた）。こうしたささやかなことについても、人は自身の選択肢が一般的なものと思いがちなのである。しかしながら、いつも自分自身の感性が普遍的と考えるわけではない。

　プレンティスとミラー（Prentice & Miller, 1993）は、大学によくある飲酒習慣について調査し、必ずしも皆が快く同意しているわけではないことを発見した。しかし、学生は、楽しいパーティ（飲み会）において、周囲の友達は「みんな楽しんでいる」ものだと考えていた。それが苦手な学生においても、「苦手に思っているのは自分1人であって、他のみんなは積極的に楽しんでいる」と考えていた。しかし、過度に度重なる飲み会において酒量を多くすることを皆が同意しているわけではなかった。このように、一人ひとりの自分自身は、「過度の飲み会はやめよう」と考えていたとしても、楽しそうに振る舞っている他者の心の内面まで、私たちは読むことできないので、「こんなことを思っているのは自分だけだ」と、「王様は裸だ」と言えない民衆のような心持ちに陥っているのである。

　このように、一人ひとりが好んで従っているわけではない社会規範などに、「周囲は好んで従っている」と互いに勘違いして、その結果、多数に同調する形で、皆がこの規範に従い、実は人気のない規範でも永続的に維持されてしまうこの現象を、「多元的無知（pluralistic ignorance）」と呼んでいる（Prentice & Miller, 1993）。

　これは短期的、瞬発的にも見られ、「皆がトイレットペーパーを買いたがっているだろう」と互いに皆が誤認知し合うことで、自分は本当には必要と感じられないトイレットペーパーを購入して品薄になる、といった事態も見られる。また、自分はいいかげんなネットニュースは信じないが、周りの人々はみんな

信じて動いてしまうだろう、という第三者効果もこれと近しい関係をもっている。第三者効果とは、他者は自分よりも一般にメディアからの影響を受けやすいと信じる傾向である。そうした歪んだ予測から、防衛的に振る舞う(トイレットペーパーを買いに行く)と、本来起こらなかった事態(品薄)が実際に起こってしまうという予言の自己成就のような事態も招いてしまうのである。他者の態度の推測はこのように難しいところがあるとともに、社会的に深刻な事態をもたらすこともある。

2.2.3 説得的コミュニケーション

説得のプロセスも社会心理学の領域であり、これは意図的に他者に引き起こす態度の変容と理解することができる。説得には、説得的メッセージの送り手、受け手、その間の媒体(メディアを通すか、対面か、文書か、広告かなど)という3つの要素に加えて、メッセージを用いる場合は、そのメッセージの中身、すなわち説得力(議論の強さとも呼ぶ)という要件がある。

(1) 送り手の要因

説得的メッセージの送り手は、信頼がおけるほうがよいとされる。媒体も含めた信憑性の高さで比較すると、一般に信憑性の高い情報が好まれる。また、人気のある唱道者が発するメッセージは影響があり、現代のインフルエンサーともいえるような発信者の特性、個人的差異が見られる。

バランス理論からも人は好意を抱く他者が発する意見に、好意的反応を示しやすいことが予測されるが、実際、TV コマーシャルなどにおいても人気のある有名人が宣伝に携わることが多い。また、感染症の話では、感染症の専門家が登場して意見を述べるなどのように、その問題に専門性が認められる専門家の発言も重視される。

(2) メッセージ内容

何かを推奨するメッセージには、一方的にその利点だけを述べる一面呈示と、

欠点にも触れながらそれを凌駕する肯定的効果があることを説明する両面呈示がある。教育水準の高い者は、両面呈示のほうが説得力が高いと考えられ、影響されやすいとされる（原岡, 1970）。このように、メッセージの中身は受け手との交互作用もあり、受け手の受け取り方次第で効果が異なってくる場合がある。

　強制的なメッセージは受け手に主体的に考えさせる自由を奪うことになるので、自由を求める反発としてメッセージを拒否することがある。これがリアクタンス（心理的抵抗）効果と呼ばれるものである（Brehm & Brehm, 1981）。文末の調子が、断言調と推測的に柔らかい場合とで印象が異なるが、場合によっては断定調のほうが自信を感じ取って好まれる場合もある（北村, 2013）。強引な説得は反発を生み、その結果、事前の態度を頑なにしてしまったり、唱導方向と逆の意見に向かって受け手を追いやったりすることもあり、こうした場合、「ブーメラン効果」と呼ばれることがある。

　抵抗心を緩和する方法としては、食事をしながら説得することや、何か肯定的な経験と組み合わせて受け容れやすくするといった方策が考えられる。

　また、メッセージに脅威情報を入れ込むことで、受け手に対して、従わないと恐怖を抱くような結果がもたらされると印象づけるような方策が採られることがある。タバコの健康に対する危険について強く警告するなど、方法はいくつかあり得る。なお、あまり強い恐怖喚起アピールは、メッセージ自体の理解を損ねるので、効果が薄いことが知られている（Janis, 1967）。また、そうした傾向のあるメッセージに接触することを受け手側が回避するならば、説得効果は望めないだろう。

（3）　受け手の要因

　受け手の問題として、近年、陰謀論信念尺度が開発されているように、疑問のある話でもインターネットなどを介して接触することで、信じ込んでしまう傾向の個人差にも着目されている。他者からの影響の受けやすさという点で、被影響性尺度などがあり、いろいろなことを「自分では決められない」と自信

の低い者は他者からの影響に曝されやすい。日常に習慣的に熟慮傾向、物事を
よく考えようとする傾向があるかどうかも影響する。

(4)　二過程モデル

　こうしたメッセージ内容と送り手の信頼性、受け手との絡み合いを統一的に
説明することをめざしたものが、ペティ＆カシオッポ（Petty & Cacioppo,
1986）の精緻化見込みモデル（Elaboration Likelihood Model：ELM）である。
ELM では、中心ルートと周辺ルートという説得が進む2つのルートを想定す
る。中心ルートは受け手がしっかりとメッセージ内容を読んで理解し、態度を
決する反応を示すような場合であり、受け手はメッセージ内容について熟慮し、
精緻化処理をほどこす。そうすれば、説得力のあるメッセージだけに動かされ、
説得力の欠けたメッセージからは影響を受けないこととなる。

　しかし、世の中ではしばしばテレビコマーシャルなどのように、商品の内容
を実質何も説明しないで好意的なイメージだけを印象づけるような説得が、実
際の購買行動に影響を与えるなど、精緻化処理を疑わせる事案に事欠かない。
ペティとカシオッポは、これに周辺ルートという名前を与え、受け手はよく熟
慮することなく、直観的に反応すること、および、しばしば周辺手がかりと呼
ばれるメッセージと離れた本質的ではない情報に影響を受けることを強調した。
たとえば、「多くの人が賛同している」など、本来自身が主体的に情報処理す
べき事柄について手抜きをして、周辺的情報から態度を決めようとする。友達
がどう考えるかや、専門家の勧めだからと内容を精査せずに信じ込むなどであ
る。こうした2つのルートという考えは、後の他の社会的認知領域において出
現した2つの過程を考える流れとも一致するものであった。

　周辺ルートに基づく説得は精査、熟慮を伴わないので、それほど強い態度に
はならない。中心ルートに基づく場合のほうが、持続性があるといわれている。

2.2.4　応諾獲得方略

　説得は、ある程度複雑なメッセージ内容を伴い、それへの好意的態度を相手

から引き出そうと働きかける行動であるが、そうした意見や態度というよりも、他者からある行動を引き出そうとして行われるのが依頼である。「荷物を持つのを手伝ってほしい」、「先にコピーをとらせてほしい」、「アンケートに回答してほしい」、「ボランティア活動を手伝ってほしい」など多岐にわたる。

こうした依頼は、環境保全活動や公衆衛生など、行政から市民に何かをお願いする際などにも重要な手続きの一つとなる。「ゴミを出す曜日や時間帯を守ってほしい」なども依頼の例である。

(1) 段階的要請法（フット・イン・ザ・ドア）

依頼を成功に導く方法はいくつかある。これは消費者として防衛する立場からも、いろいろな依頼の手立てに熟知しておくことが役立つという側面がある。チャルディーニら（Cialdini et al., 1988）は、認知的不協和理論にも絡む、フット・イン・ザ・ドア技法を説明している。何か小さな応諾を引き出しておくと、その次に依頼する大きな応諾を獲得しやすくなるというものである。

前庭に交通安全に関する大きな看板を設置するという目標の場合、いきなり目標の依頼を行うのではなく、先にステッカーを貼らせてほしいという小さな依頼をして、応諾を得ると、最終的な看板設置への応諾が得られやすい、というフィールド実験が知られている。

(2) 譲歩の返報性（ドア・イン・ザ・フェイス）

フット・イン・ザ・ドアは小さな要請から大きな要請に向かうものであったが、ドア・イン・ザ・フェイスは、大きな要請から小さな要請に進むものである。相手に負担の大きい要請は当然、拒絶されるが、それを小さな要請に変えると、相手が妥協してくれたのだと考えやすい。「相手も妥協したのだから、こちらも妥協しなければ」という返報性のルールが働いてしまうことがある。

(3) 洗脳

メッセージの送り手が人に影響を与えて、送り手が望む方向に態度変容を促

すという点では、洗脳と呼ばれるものも説得にまつわる拡張的な現象の一つと考えられる。近年、他者の思考を支配して逸脱行動や犯罪行動に走らせてしまうような個人的関係の中での洗脳や、あるいは攻撃的宗教カルトなどにおける信者の獲得、洗脳などが事件として世間の話題に上ることがある。

組織的な洗脳は、説得的プロセスだけではない、多くの心理過程、人間関係を介するもので、最初は知り合いからの勧誘などからスタートするものもある。

プロセスとして親密化、友人形成などを丁寧に築き上げていったうえでのセミナーへの勧誘など段階的要請法が用いられることもあるし、多額の寄付・献金などを行うことでコミットメントが強まり、後から疑問を感じても抜け出しにくい気持ちに追い込まれることもある（西田，1995）。

特に、認知的不協和でコミットメントが強まっているときには、考えを撤回することはそこまでの自分の人生選択を否定することにもなるので、心理的に困難が伴う。それまでの自分の選択をすべて失敗と考えずに、有用性も見出しつつ、離脱していくことを支援するような周囲の支えがないとなかなか困難であろう。自身の大切にすることや、究極の目標などを捉え直し、幸福の最終的なあり方をよく考えることによって徐々に異なる考え方に気づくことにもなる。防衛的な手段としては、違和感を抱く集まりからは早々に身を引くこと、そこに危険が潜在し得ることを知っておくこと、ノーを言えるようになることなどが必要である。

第2章の引用・参考文献

[1] Adams, J. S.(1963). Toward an understanding of inequity. *Journal of Abnormal and Social Psychology, 67*, 422-436.

[2] Allport, G. W.(1935). Attitudes. In C. M. Murchison(Ed.), *Handbook of social psychology*(Vol.2, pp.798-844). Clark University Press.

[3] Argyle, M., & Henderson, M.(1985). *The anatomy of relationships and the rules and skills needed to manage them successfully*. David & Charles. （吉森護（編訳）(1992). 人間関係のルールとスキル　北大路書房）

[4] Aronson, E., & Linder, D.(1965). Gain and loss of esteem as determinants of

interpersonal attractiveness. *Journal of Experimental Social Psychology, 1,* 156-171.

[5] Brehm, S. S., & Brehm, J. W.(1981). *Psychological reactance:A theory of freedom and control.* Academic Press.

[6] Byrne, D., & Nelson, D.(1965). Attraction as a linear function of proportion of positive reinforcements. *Journal of Personality and Social Psychology, 1,* 659-663.

[7] Cialdini, R. B.,Vincent, J. E., Lewis, S. K., Catalan, J., Wheeler, D., & Darby, B. L.(1975). Reciprocal concessins procedure for inducing compliance:The door-in-the-face technique. *Journal of Personality and Social Psychology, 31,* 206-215.

[8] Festinger, L.(1957). *A theory of cognitive dissonance.* Row, Peterson. (末永俊郎(監訳)(1965). 認知的不協和の理論　誠信書房)

[9] Festinger, L., Schachter, S., & Back, K.(1950). *Social pressures in informal groups:A study of a housing community.* Harper.

[10] Foa, U. G.(1971). Interpersonal and economic resources. *Science, 171,* 345-351.

[11] Gilovich, T., Jennings, D., & Jennings, S.(1983). Causal focus and estimates of consensus:An examination of the false consensus effect. *Journal of Personality and Social Psychology, 45,* 550-559. (原岡一馬(1970). 態度変容の社会心理学　金子書房)

[12] Heider, F.(1958). *The psychology of interpersonal relations.* Wiley. (大橋正夫(訳)(1978). 対人関係の心理学　誠信書房)

[13] Janis, I. L.(1967). Effects of fear arousal on attitude change:Recent developments in theory and experimental research. In L. Berkowitz(Ed.), *Advances in experimental social psychology*(Vol.3. pp.166-224). Academic Press.

[14] Kaplan, K. J., Firestone, I. J., Degnore, R., & Morre, M.(1974). Gradients of attraction as a function of disclosure probe intimacy and setting formality: On distinguishing attitude oscillation from attitude change. *Journal of Personality and Social Psychology, 30,* 638-646.

[15] 北村英哉(2013). 説得メッセージの表現モードが説得効果に及ぼす影響―テレビショッピングとブログを用いた検討　関西大学心理学研究, *4,* 25-32.

[16] Murstein, B. I.(1972). Physical attractiveness and marital choice. *Journal of Personality and Social Psychology, 22,* 8-12.

[17]　Newcomb, T. M.(1960). The varieties of interpersonal attraction. In D. Cartwright & A. Zander(Eds.), *Group dynamics:Research and theory*(2nd ed.). Row, Peterson.

[18]　西田公昭(1995). マインド・コントロールとは何か　紀伊國屋書店

[19]　Pennebaker, J. W.(1989). Confession inhibition and disease. In L. Berkowitz (Ed.), *Advances in experimental social psychology*(Vol.22, pp.211-244). Academic Press.

[20]　Petty, R. E., & Cacioppo, J. T.(1986). The elaboration likelihood model of persuasion. In L. Berkowitz(Ed.), *Advances in experimental social psychology* (Vol.19, pp.123-205). Academic Press.

[21]　Prentice, D. A., & Miller, D. T.(1993). Pluralistic ignorance and alcohol use on campus:Some consequences of misperceiving the social norm. *Journal of Personality and Social Psychology, 64*, 243-256.

[22]　Rosenberg, M. J. & Hovland, C. I.(1960). *Cognitive, affective and behavioral components of attitude*. In M. J. Rosenberg, C. I. Hovland, W. J. McGuire, R. P. Abelson & J. W. Brehm(Eds.), *Attitude organization and change*(pp.1-14). Yale University Press.

[23]　Ross, L., Greene, D., & House, P.(1977). The "false consensus effect":An egocentric bias in social perception and attribution processes. *Journal of Experimental Social Psychology, 13*, 279-301.

[24]　Walster, E., Aronson, V., Abrahams, D., & Rottmann, L.(1966). Importance of physical attractiveness in dating behavior. *Journal of Personality and Social Psychology, 4*, 508-516.

第3章
認知バイアスに気づく

3.1 対人認知

3.1.1 印象形成

　個人と社会(周囲)との関係の出発点は、個人が周りの環境や人々をどのように認識するかということである。初対面のときから始まる人が他者について、どのような印象を抱くかの問題を印象形成として扱ってきた。アッシュ(Asch, 1946)は、複数の特性語からなる仮想的な人物について、どういった印象が抱かれるかを実験的に研究を行った。

　　A：知的な－器用な－勤勉な－**温かい**－決断力のある－実際的な－注意深い
　　B：知的な－器用な－勤勉な－**冷たい**－決断力のある－実際的な－注意深い

　4番目の特性語を入れ替えるだけで、大きな印象の差が生じることがわかり、これは warm－cold 効果と称される。このように、特定の語を入れ替えることによってその特性語がリストの中で大きな役割を果たしているかがわかるわけであるが、他の特性語の意味の解釈にも影響を与えるのである。このように周囲の概念の影響が大きく、中心的な役割を果たす特性をアッシュは中心特性と呼び、その他の影響を受ける特性を周辺特性と呼んだ。中心特性はリストによっても異なり、常に温かい・冷たいが大きな影響力をもつわけではない。ただ、この温厚性の次元は後の研究によっても重要性が支持されている。

　また、リストに特性語が現れる順番についてもアッシュは検討しており、リストの条件次第では、最初に形成される印象が他の特性の解釈を方向づけることもあり、これを初頭効果と呼んだ。リストが短いなどの条件によっては、リ

ストの最後の部分が影響する新近効果も存在することが知られている。

3.1.2 原因帰属

　人について知っていく場合、多くは特性のリストによって知るのではなく、他者の行動を目撃、観察、あるいは相互作用の中で私たちは印象を形作っていくだろう。しかし、ある行動を見たからといって、私たちは正確にその行動に至る動機や意図を把握しているとは限らない。こうした前提で、他者の行動の原因を推論するプロセスを「帰属過程」と呼んでいる。たとえば、忘れ物をする行動の原因として、その人の忘れっぽさという性格に帰属するといった考え方である。

　こうしたその人の属性に原因を求めるプロセスについてジョーンズ＆デイビス(Jones & Davis, 1965)は考察を行ったが、ほどなくこのプロセスには体系的なバイアス(歪み)が存在することが知られるようになった。行動を大きく規定するものは2つあり、外的な状況と内的な属性(性格や能力、態度など)である。中でも、行為を見た人が、その行動の原因を他者の内的な属性に帰する傾向が強いことを「基本的帰属の錯誤(対応バイアス)」と呼ぶ。

　ある行動が性格や能力に基づくほうが一貫性があり、予測に有用であることが多い。人は似たような行動をとるであろうとの期待のもと、人は行動の原因を一時的な状況ではなく、持続的な属性に求める傾向をもつのである。

　後にこのプロセスを体系化したのがギルバート(Gilbert, 1995)による帰属の3段階モデルである(図3.1)。最初に、他者の行動の意味するところを知り(行為の同定)、次に自動的にそこから属性を推測する。3段階目として、状況の勘案があるが、そこに進むためには、考えるための認知資源や動機づけが必要

図3.1　ギルバートの帰属の3段階モデル

とされる。その両方が揃わないと、人はなかなか状況の勘案まで行わず、2段階目の属性推論で止まってしまう。このために、基本的帰属錯誤が生じてしまうのである。次に述べる社会的認知の節においても、人はしばしば十分熟慮せずに、思考上の手抜きをしてしまいやすいことが指摘されており、それを「認知的倹約家」と呼び、人間の情報処理上の特徴を示すものとされている。熟慮を欠くことによってエラーが起きやすくなるわけである。

　また、立場による違いも指摘されており、他者の行為に対する観察者としてのバイアスは、内的属性を重視する対応バイアスが見られやすいが、行為者本人においては、自身の状況について知っているために、行為の原因を外的状況に帰属することが起こりやすく、これを行為者－観察者間バイアスと呼ぶ（Jones & Nisbett, 1971）。行為者と周囲の誤解の基、理解のすれ違いの基になりやすい。

　さらに、成功・失敗が絡むと行為者本人は成功の原因を自己、すなわち内的に帰属しやすく（手柄は自身のもの）、失敗については、外的状況に帰属する傾向があり、これをセルフ・サービング・バイアス（自己奉仕バイアス）と呼ぶ（Bradley, 1978）。

　ワイナーら（Weiner et al., 1972）は、成功・失敗という事態において、他者についての帰属、自己についての帰属を合わせて、さまざまな種類の原因に人は原因帰属することを体系化した。1つの次元は、その結果がどこからもたらされたかで、原因が内にあるか、外にあるかの統制の位置であり、もう1つが、この事態が持続的で安定的な原因からもたらされたのかどうかという安定性である。この2次元をかけ合わせたものを**表3.1**のように示すことができる。

表3.1　成功、失敗の原因帰属

	内的	外的
安定	能力	課題
不安定	努力	運

　試験の失敗を能力に帰してしまうと、努力する気持ちも失われてしまうであろう。努力不足に帰すならば、次に向けて努力を行う対処も可能となる。原因についてどのように捉えるかは、以降の行動に影響を与えるのである。

3.2　社会的認知

　人を理解していくプロセスは情報処理のプロセスにたとえることができる。一般的な知的理解について研究を行う認知心理学がこうした「情報処理的アプローチ」を取っていることに影響を受けて、印象形成や対人認知においても、情報処理的観点からの研究が優勢になってきた。これらを社会的認知研究と呼ぶ。社会的認知は広く捉えると社会的対象の認識、すなわち態度形成や政治意識、消費者行動などあらゆる範囲の情報を人が処理する場面を情報処理の観点から分析する立場を意味する。

　そこで生じる処理の特徴として、自分の立場や意見に沿う情報を重視する傾向が見られ、そういった確証情報に特に注意を振り向ける傾向を確証バイアスと呼ぶ。このようなバイアスに当人は気づきにくく、無自覚に行ってしまう。このような自動的なプロセスを、もっと意識的、熟慮的に思考するプロセス（統制的プロセス）と対置して捉える見方は、**第 2 章**で取り上げた二過程モデルの一つとして考えられる。

　自動的な処理はしばしばエラーを生み出す。認知心理学の領域では、こうしたエラーの元となるヒューリスティックが研究されてきた。ヒューリスティックとは、簡易的な問題解決法であり、発見法とも呼ばれるが、直観的に解答を導き出す近道であって、本当に正解にたどり着くとは限らない。

　たとえば、利用可能性ヒューリスティックを考えてみよう。K から始まる単語と、3 番目のアルファベットが k である単語とどちらが多いかを問うと、頭に多く思い浮かぶのは K から始まる単語である。しかし、実際に辞書を調べてみれば、3 番目が k である語のほうが多い。いくつかのアルファベットについてまったく同じことがあてはまる。しかし、人の認知の仕組みとして、3 番

目が特定のアルファベットというような観点から検索がしやすいようにはなっていない。そのために、「思い浮かびやすいものがたくさんある」という大まかな頻度推定をしてしまいやすい。これも思い浮かぶ＝利用可能性（availability）に基づくヒューリスティックということなのである（Tversky & Kahneman, 1974）。

3.2.1　基準確率の軽視

　次のような問題を考えてみよう。ある街において、タクシーがひき逃げ事故を起こした。事故は夕刻に起こり、目撃者は緑のタクシーだったという。この街には2種類のタクシー会社があり、8割が青のタクシー、2割が緑のタクシーである。証言の確かさを検証するため、夕刻の街でタクシーの視認を実験したところ、70％の正答率だった。さて、この場合、証言者が述べるように、実際のひき逃げを起こしたのが緑のタクシーである確率はどれほどのものであろうか。

　こうした問題では、実験参加者は、証言との確からしさの検証実験に大きく影響を受け、緑のタクシーが犯人であるのが7割、あるいは少し下げても6割くらいと回答する傾向があり、過半数を大きく越える者たちが、どちらかといえば、緑のタクシーが犯人である割合が（半数より）多いと考えていた。

　しかし、論理的に考えてみると、緑のタクシーが犯人であるとの証言が現れるのは2通りの場合がある。

　①実際に緑のタクシーがひき逃げを起こし、それを目撃者が正しく視認した。
　②実際は青のタクシーがひき逃げを起こし、それを目撃者が見間違いをした。

　あるタクシーが街で事故を起こす比率を一定とすれば、数的に、緑のタクシーは2割であるから、①の確率は、$0.2 \times 0.7 = 0.14$ となる。それに対して、青のタクシーは8割であり、視認が正しい確率は7割、つまり見間違いをする確率は3割であるので、②の確率は、$0.8 \times 0.3 = 0.24$ となり、なんと①よりも②の確率が高いことがわかる。証言者が緑だといった事後確率から、実際に事故を起こしたのが緑のタクシーであった確率をベイズの定理によって求めると、

0.14/(0.14+0.24) = 0.368 となり、五分五分の 5 割よりも低い。むしろ証言が誤りで犯人は青のタクシーであったという確率は 63.2% となり、よりもっともらしいことになる。こうした実験参加者の犯す誤りは、街の中を走っているタクシーの量について圧倒的に青のタクシーの量が多い、という事実を無視してしまうからである。この元来のタクシーの台数の割合、8 割 vs 2 割といった割合を基準確率(base rate)と呼んでいる。わたしたちは、基準確率に準じることが苦手であるのだ。

3.2.2　代表性ヒューリスティック

基準確率と代表性ヒューリスティックの両効果を入れ込んだクイズに以下のようなものがある。

「ジャックは 45 歳の男性です。彼は結婚していて 4 人の子供がいます。彼は概して保守的であり、注意深く、野心的です。政治的問題や社会的な問題にはまったく関心がなく、日曜大工やセーリング、数学的パズルなどの多くの趣味に自由時間を費やします。」

実験参加者は、100 名のうち、70%が弁護士で 30%がエンジニアであるという集まりの条件で、そこから 1 名取り出したプロフィールが前述のような内容であったとした場合、どちらの職業であるか判断することになった。すると、参加者は基準比率の情報はほとんど勘案しないで、プロフィールの代表性によって判断する傾向が見られたのである(Kahneman & Tversky, 1973)。「いかにもありそうな」代表性を満たす点について着目し、直観的に判断を行い、解答するという代表性ヒューリスティックの働きが示されている。

3.2.3　係留と調整

実験参加者に、国連に加盟しているアフリカ諸国の数を推定してもらう際に、スライダーの目盛りのデフォルトが 10 にある場合よりも、65 としている場合のほうが、その推定値は高くなる傾向が見られた。これは比較基準として設定した値がアンカーの役割を果たし、そこからさすがにそれよりも多いだろう、

少ないだろうなどの調整を働かせて、人は推定を行うが、その調整が不十分で、つまりアンカーに引きずられて差を生んでしまうのである。

3.2.4 ウェイソンの選択課題（4枚カード問題）

このように、私たちは規範的に正確な推定をとりわけ、統計や割合について考えることが苦手のようである。図3.2のような問題を考えてみよう。

(1)の実験参加者は、このカードのルールとして、「表が母音であるカードの裏側は奇数である」というルールが成り立っているか確かめるために、どのカードをひっくり返して反対側を確認したらよいかを問われる。

直観的な解答では、Eと7というものが多いことが知られており、ルールの記述に現れた属性をもつ、母音と奇数をひっくり返してしまう傾向がある。しかし、正解は、Eと4である。なぜなら、4の表がOなどの母音であれば、母音の裏が偶数となり、ルール違反となる可能性があるので、確認しなければならないからだ。7の裏がOでもSでも特にルールからは逸脱しない。ルールは「子音の裏が偶数である」などとは言っていないからだ。こうした抽象的な問題において、命題としての表現を行うと対偶を確認すればよいということは、論理的な数学的思考としてあるが、ふだん人はあまりそうした思考を適用しないために、多くの人が誤るのである。

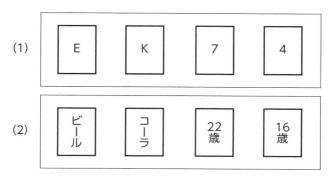

図3.2 4枚カード問題

ところがこれを図3.2の(2)のような問題に変えてみる。「カードの表がお店で飲んでいる飲料。カードの裏が年齢。アルコールが表に記してあるカードの裏はその注文者の年齢が記してあるが、これが18歳以上でなければならない。これを確認するためには、どのカードをひっくり返す必要があるか？」この場合であれば、人は容易に16歳のカードをひっくり返すことになる。ルールの意味が未成年の禁酒であり、16歳という未成年という制限的なカテゴリーにひっかかる違反の可能性を示唆するカードを私たちはすぐにひっくり返して確認することができる。これは日常の行動と深くつながって理解がなされやすいからである。つまり、人の認知傾向はこのように、私たちが生きる現場に適用しやすいような仕組みになっており、必ずしも抽象的、普遍的にルールを適用するタイプの思考に習熟しているわけではないことがわかるのである。

3.3 スキーマ

認知心理学には知識を獲得していく中で、スキーマという概念があるが、それは知識の働きとして、能動的な活動性を強調したものである。つまり人の頭の中には理解の枠組みのようなものがあり、私たちは経験によって多くの事例を知り、標準的なカテゴリーのイメージや行動の仕方について知っている。たとえば、洗濯とは、着て汚れた衣類を洗って乾かして再び着られるようにする一連のプロセスであることを知っているし、その道具としてドラム式洗濯機や乾燥機、物干し竿や衣類を収納するクローゼットなど多くの周辺情報も抱えている。他者についても、ステレオタイプ（決まりきったイメージ）やカテゴリーとして、ある職業に就いている人のイメージや特定外国人のイメージなどを有している。

3.3.1 ステレオタイプ

コーエン(Cohen, 1981)は職業ステレオタイプを用いて、**表3.2**に示されたようなアイテム群を用いた実験を行っている。ある女性が誕生日を夫と祝う場

表 3.2　コーエンの実験に用いられた動画内のアイテム

バージョン A	バージョン B
ローストビーフ	ハンバーガー
ビール	ワイン
眼鏡あり	眼鏡なし
本棚	テレビ
恋愛小説	歴史の本
カジュアルなテーブルセッティング	フォーマルなテーブルセッティング

面のビデオテープを実験参加者は見ることになるが、その際に1つの群は、彼女の職業はウェイトレスであると伝えられており、別のもう1つの群の実験参加者は、彼女の職業は、図書館司書であると伝えられていた。

　実験参加者はいずれかのバージョンを見る。各職業ステレオタイプに合致するアイテムが混在しているうえ、対置アイテムのある別バージョンがある。

　ビデオを見たあとで、いくつかの質問で、表3.2のようなアイテムの有無（実際には対置されるものと組み合わされ、どちらのほうがあったか）の再認テストを受けた。すると、事前の調査で関連が深いことがわかっていた職業ステレオタイプに合致した情報に対して、正答率が高いことが示された。この職業はこういったイメージがある、ということに従った記憶のうえでの確証バイアスに近い効果が見出されたわけであるが、一般にスキーマに合致する情報のほうが理解しやすく、記憶されやすい、というこれまでの知見に沿うものであった。

　ある種、これは活性化している認知機構によって解釈が誘導されるものと考えられ、広く捉えると職業情報を事前に知らされることで、その関連情報が活性化するという効果が含まれているかもしれない。通常、活性化がもたらされると、その方向に解釈が歪み、より極端に判断される傾向がある。

3.3.2　プライミング効果

　スラルとワイヤー（Srull & Wyer, 1979）は、シナリオで描かれたターゲット人物がどのような人物か特性評定をさせる前に、別の実験と称して、言語的課題（"his, leg, break, She" の 4 語のうち 3 語を用いて文を作るなど）を実験参加者に与え、敵意性を活性化する実験群と統制群を比較した。その結果、敵意性概念を活性化した群において、統制群よりもターゲット人物を敵意ある人物として評価する傾向が見出された。こうした特性概念の活性化を事前に行い、活性化の影響が評定などに現れる効果を社会的プライミング効果と呼ぶようになった。社会的プライミング効果の一部、特に行動への影響を示す行動プライミング効果については、再現性の乏しい研究も散見され、学術評価上慎重な検討が必要である。

3.3.3　潜在態度

　こうした活性化の現象を支えるのは、機能的に概念間の連合関係が成立しているからだと考えられる。そうすると、人によって連合の強さには個人差も見られるだろうということになり、これを利用したのが、潜在連合テスト（Implicit Association Test）と呼ばれる偏見などの態度の潜在測定ツールである（Greenwald et al., 1998）。潜在測定は、参加者が何を測定されているかがわからない、あるいはどう反応するかを自身でコントロールできないような検査（テスト）である。これによって社会的望ましさの影響を避けたり、被検者が意図的に反応を歪ませたり、調整したりすることがなくなる。

　潜在連合テストでは、表 3.3 のように、順に 7 つのブロックをこなしていく。通常は、2 つの対立概念を参加者の反応の左右のキー押しいずれかに対応づけて、どちらかのキーをできるだけ素早く押していくことによって測定を行う。このカテゴリー分け自体は容易で明瞭であるが、混合ブロックとされるところでは、2 つの概念、2 つの属性についての反応を混ぜて行う。この際、ステレオタイプ的にイメージにあてはまっている一致ブロックにおいては、スムース

表 3.3　IAT の実施手順例

	呈示するもの	左キー	右キー	試行数の例
第 1 ブロック	属性	女性	男性	20 試行
第 2 ブロック	カテゴリー	家庭	仕事	30 試行
第 3 ブロック	混合(練習)	女性＆家庭	男性＆仕事	40 試行
第 4 ブロック	混合	女性＆家庭	男性＆仕事	40 試行
第 5 ブロック	カテゴリー	仕事	家庭	30 試行
第 6 ブロック	混合(練習)	女性＆仕事	男性＆家庭	40 試行
第 7 ブロック	混合	女性＆仕事	男性＆家庭	40 試行

に反応できるが、逆の組合せがなされた不一致ブロックにおいては、スムースな反応を行いにくい。1 回 1 回の回答の反応時間を記録し、ブロックでの回答の平均反応時間を算出、2 つの混合ブロックでの反応の時間差に基づく指標から IAT 値と呼ばれる値を算出することで、ステレオタイプ的態度の個人差を測定する。ステレオタイプ的態度が強ければ、より一致ブロックで反応が速く、不一致ブロックでの戸惑いが増大し、反応が遅くなるという考え方から作成されている。

　これらはいくつかの非言語行動などの偏見的振る舞いとの相関によって測定の妥当性が検証されているが(McConnell & Leibold, 2001)、個人の査定としてはやや粗いものである。潜在態度の測定で重要であるのは、何らかの介入や教育、研修などの効果を測定する役割であり、ある程度まとまった集団全体の傾向として、おおむね偏見を低減することに成功したかどうか、その効果測定を行うために IAT などの潜在態度測定が必要となるのである。したがって、これを誤って個別診断ツールとして、細かな値に信を置き過ぎるのは慎んだほうが望ましい。

　実際、IAT の結果は、状況要因の影響に敏感であることが知られており、

アフリカ系アメリカ人への偏見を測定する仕様においても、女子校など女性リーダーが多い環境に長くいることが、ジェンダー(**3.4 項参照**)、バイアスを減らすことにつながる(Dasgupta & Asgari, 2004)。また、犯罪を起こした(連続殺人犯など)白人、著名な社会的地位のあるアフリカ系の人物について質問に解答した後、IAT を行うと、白人優越的反応が減じることも知られている(Dasgupta & Greenwald, 2001)。

3.4　ジェンダー平等

3.4.1　ジェンダーとステレオタイプ

　人の生物学的な性(sex)に対して、おのおのの性に対して社会が付与する役割や固定的印象からなる社会的な性別をジェンダーと呼ぶ。したがって、ジェンダーには社会のさまざまな伝統的な「女らしさ」や「男らしさ」の役割イメージが含まれる。これらの一部はステレオタイプと言っていいものである。人々がどれほど、伝統的な性別ステレオタイプを有しているかは古くから検討があり、ブローバーマンら(Broverman et al., 1972)は、多くの人が男性に対して要求しやすい特徴は、有能性としてまとめられるような独立的、客観的、行動的、競争的、論理的などの特性であり、女性に対して求められるのは、暖かさと言えるような優しさ、気持ちに敏感、物静か、清潔などといった特性であることを指摘している。ベム(Bem, 1974)の性役割質問紙(BSRI)では、女性的とされてきた特性および男性的とされてきた特性を用いて、現実には、両特性を有する人々が存在し、ベムは、これを心理的両性具有性と呼んだ。しかし、現在ではこのような特性について性別にこだわった見方は減退していき、むしろあえて両性性と呼ぶことに対しても違和感が見られるかもしれない。BSRI に含まれる望ましい特性は、女性でも男性でももっていると承認できるものばかりである。

　性別の役割意識の強い者は、政治的には保守層に多く、権威主義的パーソナリティと正相関することや、物事を単純に捉える傾向に関わる個人差変数との

関係が指摘されている（Adorno et al., 1950）。

　まだ伝統的性役割観の残る職場では、「雑用など補助的な仕事は、女性の分担」、「男性が家計を支えるべき」「男性は育児・介護に向いていない」などといった偏った見方によって、男性の育児・介護休業が実質的に取りにくくなっているケースもある。

　また、現状では、これまでの男性優位社会の結果、役員や重職には、男性が多く就いていることもあり、女性自身が「女性には役員が難しい」などと、自らキャリアの幅を狭める思考にはまり込んでしまうこともある（Steele, 2010）。

　一般に心理学の研究でしばしば記されるように、「男女の間に統計的に有意差が見られた」といっても、実際は図3.3のように、その分布は大きく重なっているものである。仮に中学3年生の数学のテストの平均値が女性よりも男性で高かったとしても、男性平均よりも得点の高い女子もいれば、女性平均よりも得点の低い男子もいる。しかし、うっかりした言動の中で、私たちは、女性一般の傾向性について（育児に向いている、細やかな気遣いが得意など）ステレオタイプ的な発言を示す場合があるだろう。

　女性の物象化研究では、女性を身体化された見方から取り扱うことは、広告・宣伝など広く社会の中で見られている。

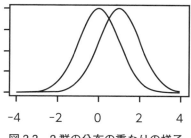

図3.3　2群の分布の重なりの様子

3.4.2　ステレオタイプ内容モデル

フィスケら(Fiske et al., 2002；Glick & Fiske, 2001)は、対人認知の重要次元として、温かさの軸と、有能さの軸の 2 つの次元を指摘し、それぞれは対人関係と社会的地位に関連するものと捉えられる(**表 3.4**)。これらはあくまでイメージの調査で、こういったステレオタイプに押し込められた印象が暗黙にもたれやすいことを示すものである。特に女性ステレオタイプについて、フィスケらは、イメージとして「有能だが冷たい」と見られるキャリア女性と、「温かいが有能でない」と捉えられる家庭的な女性を対比的に見て、両価的な性差別(ambivalent sexism)と名付けた。こうした世間的な捉え方は女性の中に分断を生じさせることにもなる。また、この両価的という捉え方は、ステレオタイプ・イメージには、ポジティブな側面とネガティブな側面があるということで、ネガティブなステレオタイプにもポジティブな印象を抱き合わせで与えることで、差別的扱いを表面的に緩和させ、気づきにくくさせている効果が見られるという。これを補償作用という。

ジェンダー平等について、心理学からの日常的適用で述べられる範囲のこととしては、分布のあり方を思い出せば、人を個人として見ることが重要である。個人をステレオタイプにあてはめてしまうと、その人の特徴を見逃し、無視してしまうことになる。

さらに、相手の立場に立った視点取得によって、事態がどのように見えるか想像し、考えてみることが役に立つ。また、協力関係を築くには、よく対話で

表 3.4　ステレオタイプ内容モデルに基づく偏見

	地位低	地位高
温かさ	専業主婦、途上国	民主主義国一般
冷たさ	反社会的集団	キャリア女性、エリート

Glick & Fiske(2001)から筆者改変

話し合うことが重要である。組織の中の人材活用においても、対話以前の思い込みで決めつけてしまわずに、話し合うことを通して個人を理解しようとする姿勢をもつことが重要であろう。

第3章の引用・参考文献

[1]　Adorno, T. W., Frenkel-Brunswik, E., Levinson, D. J., & Sanford, R. N.(1950). *The authoritarian personality.* Harper.

[2]　Asch, S. E.(1946). Forming impressions of personality. *Journal of Abnormal and Social Psychology, 41,* pp.258-290.

[3]　Bem, S. L.(1974). The measurement of psychological androgyny. *Journal of Consulting and Clinical Psychology, 42,* pp.155-162.

[4]　Bradley, G. W.(1978). Self-serving biases in the attribution process:A reexamination of the fact or fiction question. *Journal of Personality and Social Psychology, 36,* 56-71.

[5]　Broverman, I. K., Vogel, S. R., Broverman, D. M., Clarkson, F. E., & Rosenkrantz, P. S.(1972). Sex-role stereotypes:A current appraisal. *Journal of Social Issues, 28,* 59-78.

[6]　Cohen, C. E.(1981). Person categories and social perception:Testing some boundaries of the processing effects of prior knowledge. *Journal of Personality and Social Psychology, 40,* 441-452.

[7]　Dasgupta, N., & Asgari, S.(2004). Seeing is believing:Exposure to counterstereotypic women leaders and its effect on the malleability of automatic gender stereotyping. *Journal of Experimental Social Psychology, 40,* pp.642-658.

[8]　Dasgupta, N., & Greenwald, A. G.(2001). On the malleability of automatic attitudes:Combating automatic prejudice with images of admired and disliked individuals. *Journal of Personality and Social Psychology, 81,* 800-814.

[9]　Fiske, S. T., Cuddy, A. J., Glick, P., & Xu, J.(2002). A model of(often mixed) stereotype content:Competent and warmth respectively follow from perceived status and competition. *Journal of Personality and Social Psychology, 82,* 878-902.

[10]　Gilbert, D. T.(1995). Attribution and interpersonal perception. In A. Tesser (Ed.), *Advanced social psychology.* McGrawhill. pp.99-147.

[11]　Glick,P.,& Fiske,S.T.(2001). Ambivalent sexism. In M. P. Zanna(Ed.),

Advances in experimental social psychology(Vol.33, pp.115-188). Academic Press.

[12] Greenwald, A. G., McGhee, D. E., Schwartz, J. L. K.(1998). Measuring individual differences in implicit cognition:The Implicit Association Test. *Journal of Personality and Social Psychology, 74,* 1464-1480.

[13] Jones, E. E., & Davis, K. E.(1965). From acts to dispositions:The attribution processes in person perception. In L. Berkowitz(Ed.), *Advances in experimental social psychology*(Vol.2, pp.219-266). Academic Press.

[14] Jones, E. E., & Nisbett, R. E.(1971). *The actor and observer:Divergent perceptions of the causes of behavior.* General Learning Press.

[15] Kahneman, D., & Tversky, A.(1973). On the psychology of prediction. *Psychological Review, 80,* 237-251.

[16] McConnell, A. R., & Leibold, J. M.(2001). Relations among the Implicit Association Test, discriminatory behavior, and explicit measures of racial attitudes. *Journal of Experimental Social Psychology, 37,* 435-442.

[17] Srull, T. K., & Wyer, R. S.(1979). The role of category accessibility in the interpretation of information about persons:Some determinants and implications. *Journal of Personality and Social Psychology, 37,* 1660-1672.

[18] Steele, C. M.(2010). Whistling Vivaldi:How stereotypes affect us and what we can do. W. W. Norton.(藤原朝子(訳)(2020). ステレオタイプの科学　英治出版)

[19] Tversky, A., & Kahneman, D.(1974). Judgment under uncertainty:Heuristics and biases. *Science, 185,* 1124-1131.

[20] Weiner, B., Frieze, L., Kukla, A., Reed, L., Rest, S., & Rosenbaum, R. M.(1972). *Perceiving the cause of success and failure.*In E. E. Jones et al.(Eds.), Attribution:Perceiving the cause of behavior(pp.95-120). General Learning Press.

第4章

集団としての意思決定をする

4.1 集団と個人の心理

4.1.1 社会的影響

　人が側にいることが仕事に影響することがある。仕事の遂行によい影響がある場合を社会的促進、よくない影響がある場合を社会的抑制と呼ぶ。ザイアンスとセイルズ（Zajonc & Sales, 1966）は、この調整要因として生理的喚起（活動動因）を挙げ、人がいても緊張しないような慣れた作業では、ほどよい生理的喚起のため社会的促進が生じるが、不慣れでうまくやれる自信が必ずしもない作業においては、人が側にいることで不安や緊張が高まり、社会的抑制が生じると考えた。

　ザイアンスらは、これを読み方の難しい語の読みの学習という設定で、練習回数の異なる刺激群を作りあげ、2人の学生が実験を見学に来たというカバーストーリーによって、立ち会って観察する第三者がいる、という実験群を構成した。すると実験群では、練習回数が多かった場合の成績が統制群より高かったのに対し、練習回数が1〜2回と少ない不慣れな場合には、成績が統制群よりも低かった。これにより仮説は実証された。

　また、一般に大勢で仕事にかかると早く済むとも思われがちであるが、ラタネら（Latane et al., 1979）は、社会的手抜きという現象を指摘した。大きな声を出す課題を一人ひとり個別で行ったときと比べて、集団で一斉に行い、個人の貢献が測定できない状況では、一人ひとりの遂行は減少し、その音圧は1人のときの2/3程度となった。個人の責任が不明確になると他人頼りになり、自

分ひとりが精一杯の遂行を行うという動機が減退するからだと考えられる。

　釘原(Kugihara, 1999)は、社会的手抜きの現象をロープを引っ張る課題で検証した。9名の参加者が個人で引いたときと、集団で引いたときの各人の力を測定すると、社会的手抜きが観察され、また男性において女性よりもより手抜きが生じやすいことが示された(**図4.1**)。

　他に集団で生じる効果として、シェリフ(Sherif, 1936)は規範が形成されることを実験によって示している。一人ひとり暗室に入れられて、目の前のスクリーンで点が左右に移動する長さを評定させる(これは実際には錯覚のようなものである)と、個別に報告してもらう場合ではそれぞれまちまちで多様な結果が得られるが、3名を集めて順次口頭報告を繰り返していく形式で行うと、報告される長さの値が揃ってくる。集団の中で、おのずと相場というか平均的な値が揃ってくるのである。シェリフはこれを集団規範の自動生成であると論じた。社会的な振る舞いにおいても、他者を参照することで、社会の中での平均的な振る舞いが自ずと決まってきて、あたかもそれが従わなければならない

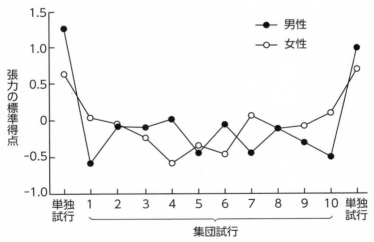

出典)　釘原直樹(2011). グループ・ダイナミックス：集団と群衆の心理学　有斐閣

図4.1　張力の変動

社会規範のように思えてくるわけである。

　規範のないところから、自動的に規範が生成されるというメカニズムがある点を見出したのが興味のもたれる点である。

4.1.2　集団魅力

　人が集団から影響を受けるのは日常的には自分が生活する中で関係する、出会う人々の集団であることが多い。特にインターネットによってリモート関係が飛躍的に増大した現代とは異なり、それ以前の非インターネット時代では、とりわけ実生活で関係をもつかどうかは、集団関係の重要な要素であった。

　働いていれば職場集団かもしれないし、通学していれば学級集団であるかもしれない。このように、メンバーが誰かを明確にできるような社会集団をフォーマル集団と呼ぶ。

　しかし、実際には学級集団全体から影響を受けているというよりも、日常の行動選択や趣味的な活動などの影響は、もっと人数の少ない日常的によく接触している友人集団によるところが大きいかもしれない。このように集団メンバーが必ずしもはっきりしないような仲間のグループや、公式にメンバーを確定していないようなサークルであれば、これらをインフォーマル集団と呼ぶ。冠婚葬祭や大きな社会的行事においては、人は自集団以外の、広い社会の中の規範（関東や関西といった少しは限定された範囲かもしれないが）を参照しようとするが、コンサートに行くといった日常の行動に関わる意思決定は、近くのインフォーマル集団、仲間集団の影響を受けるかもしれない。

　しかし、21世紀の現代では、日常実際に出会ってリアルにインタラクションがしやすい学校などの集団で、本当に同じような趣味を共有している人を見出すのは難しいため、ネットを通じたファンダムの中の関係や推しコミュニティのような、より密に嗜好性を共有できる遠隔の集団とつながり、コンサート会場でそういった人々の一部と出会う、といった形の友人関係が行われていることは、社会心理学的にも新しい事態であるといえるだろう。

　フォーマルにしてもインフォーマルにしても、人がどれだけその集団から影

響を受けるかの要因の一つは、自分自身にとっての当該集団の魅力の程度であろう。その交流や共働によって得られる利益や楽しみが大きければ、その集団はその人にとって魅力が高く、よりその集団の規範を取り入れ、集団の意向に従い、同調しやすい。メンバーの全員にとって魅力が高く感じられている集団は、集団としてのまとまりがよい。この集団としてのまとまりを凝集性という。凝集性に影響するのは価値観の一致や、目標とするタスクの共有や困難さの程度などがあるが、集団に多くのメンバーが魅力を感じていれば凝集性は高くなることがある。研究の操作的には、メンバーが感じる魅力の総計に基づいた指標を、当該集団の凝集性としている研究もあるくらいであったが、概念の検討にあたっては、生産性との因果関係や同一視についてなど、多くの問題を含んでいる（Mudrack, 1989）。

4.1.3 同調

(1) アッシュの実験

アッシュ（1951）は、多数派の圧力に屈したり、同調したりしてしまう人の行動を明らかにする実験を行った。参加者は7名を1グループとしたが、実際にはそのうち6名は、実験者があらかじめ用意したシナリオに従って選択を行う実験協力者であり、残りの1名だけが本物の実験参加者であった。

図4.2のAの見本線分を呈示した後、どれが見本線分と同じ長さかをBの選択肢から回答するという実験である。先に協力者6名が回答し、最後に本物の実験参加者が回答した。全18試行の線分判断の中で、実験協力者たちは、12試行において一致して不正解の回答を口にした。このニセの判断に実験参加者が釣られたかどうかが問題となる。

50名の実験参加者の回答において、一度も誤答をしなかった者は13名、26％のみであり、この実験条件における回答のうち、32％が誤答という結果となった。74％の者は、1度以上同調して誤答したことになる。

なお、実験協力者が全員一致して誤るという条件を変えて、1人真の正解を回答する者を入れると、全解答のうち同調した誤答は5.5％でかなり減少した。

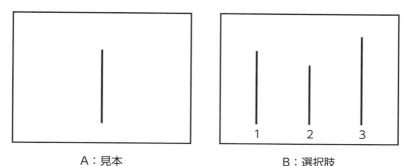

A：見本　　　　　　B：選択肢

出典）　大坪（2012）

図 4.2　アッシュの実験で用いられた判断課題の例

全員一致というのは同調を生む大きな条件のようである。

　他者からの影響について、2 つの分類がある（Deutsch & Gerard, 1955）。一つは情報的影響と呼ばれ、人は正確な判断を求めるために、他者の行いを参照して、正解を得たいという動機づけで他者の行動や判断を真似るような同調を示す場合である。

　もう一つは、規範的影響で、周囲の人々が従う規範に自分も従うという態度からもたらされる影響である。場合によってはそれは社会行動として正解とは限らない。たとえば、「男性はむやみに他人の子供に声をかけない」という規範があると認識している男の人は、公園でひとり泣いている子供を見ても声をかけることを控えてしまうかもしれないが（誘拐犯やいたずら犯と誤認されたくないという思いが社会共通の認識と行動になっていると考えた場合）、そこから望まれる結果がもたらされる見込みを減らしてしまうという社会損失をみんなで産み出しているかもしれない。

4.1.4　服従

　ミルグラムは、実験者の命令に人がどれくらい従い、服従するものであるかをいくつかの実験によって検証を行った。実験参加者はもう 1 人の参加者と、

教師役と生徒役に分かれることを説明され、そのくじによって（常に）教師役が割り振られることになった。この実験は学習についての実験であると説明されたが、教師役の前には電極の操作盤があり、生徒役は電気が通電すると説明をされた装着をして椅子に座り、教師役が発する問題に解答する。

　実際の実験では、この生徒役は実験協力者としてあらかじめシナリオにしたがって予定された行動を示し、電気は通電していない。サクラは次々と誤答し、教師役は生徒役が誤答すれば、15 ボルトずつ電圧を上げていかなければならない。

表 4.1　ミルグラムの実験（遠隔条件）の結果

水準	電圧表示	人数	水準	電圧表示	人数
かすかなショック			激しいショック		
1	15		17	255	
2	30		18	270	
3	45		19	285	
4	60		20	300	5
中程度のショック			きわめて激しいショック		
5	75		21	315	4
6	90		22	330	2
7	105		23	345	1
8	120		24	360	1
強いショック			危険・深刻なショック		
9	135		25	375	1
10	150		26	390	
11	165		27	405	
12	180		28	420	
非常に強いショック			×××		
13	195		29	435	
14	210		30	450	26
15	225				
16	240				

　操作盤には危険などの表示があるが、当初、実験参加者はそれらを超えず、命令には従わず、危険なところまで電圧を上げないだろうと予測されていた。

　生徒役は決められた手順に従って、悲鳴を上げるなどの演技を示し、電圧が高められた最終盤ではぐったりするくらいであった。ある一つの実験条件では、**表 4.1** のように、65％の人が最終電圧である 450 ボルトまで電圧を上げてしまった。このように、人は条件によってはかなり命令に従ってしまう。

4.1.5　リーダーシップ

　著名な日本発のリーダーシップ論として、三隅(1978)の PM 理論がある。PM 理論では、リーダーシップの機能を、課題の達成を促進する P (performance)機能と、集団の維持を旨とする M(maintenance)機能を独立の次元として捉えている。高い機能を発揮している際には大文字で表現し、低ければ小文字とすることで、リーダーシップ類型は、PM 型、Pm 型、pM 型、pm 型と、4 分類されることになる。三隅(1984)の研究などでは、集団生産性に対して、PM 型が最も有効であることを示している(**表 4.2**)。

4.1.6　職場・組織の安全

　職場の QWL(Ouality of Well-Being)として、以下の諸点が重要であると論じられている(小野，1986)。

- 上司が自分を尊重し、自分の能力を信頼してくれる程度
- 同僚との相互依存・協力関係
- 仕事の多様性、挑戦性

表 4.2　各集団における類型の割合(%)

	PM	Pm	pM	pm
生産性の高い集団	36	19	26	19
生産性の低い集団	19	23	26	32

出典)　三隅(1978)より筆者作成。

- 仕事を通しての個人の成長や学習の機会
- 仕事以外の生活と仕事との生活のバランスおよび相互作用
- 公正で十分な賃金および報酬
- 自分の仕事が社会に貢献する程度

　サーバントリーダーシップ論では(Greenleaf, 1977)、部下の目標や達成を支援する役割を重視し、部下を配慮し、うまく成長に導くことが大切で、能力を最大限引き出すことが目標となる。上司は支援をし、部下の主体的な行動を引き出すことに努める。この観点では、部下に対するハラスメントを防止し、部下の人格の配慮による、部下の情緒的満足を高めることから、組織モラールが維持できる点が、現代においても注目されている点である。

　職務満足感をもたらす要素としては、仕事、労働条件、人間関係、仕事以外の生活、個人属性が関連することを、小野(2019)は指摘している。

　近年はこうした部下の人権に配慮したリーダー像が求められており、コンプライアンスの重視とともに、職場に不満が鬱積し、若手が早期離職しないためにも公正な職場環境に注意が向けられるようになってきた。その一つが、倫理的なリーダーシップという概念に反映している。その要素としては、部下の意見を十分聴取し、社員が道徳規準に従うよう導き、その手本を示し、いかに達成していくかの道のりも重視し、教示すること、そして、自身が公正かつ公平な決定を行うことが大切である(Brown et al., 2005；坂田，2017)。

4.2　集団意思決定

　ジャニスは、キューバ危機に絡む作戦における実例の分析から、集団意思決定が偏っていく現象を指摘した。議論の中で1つの方向への同調が生じ、リスクから目をそらし、異論が許されない雰囲気が醸成され、自分たちの決定の正しさが過信されていく傾向があると指摘している(Janis, 1971, 1972)。

　集団意思決定において必ずしも賢明でない選択に結論が進んでしまうこうした現象を、ジャニスは集団思考(集団浅慮)と呼んだ。

　こうしたことが生じやすいのは、一つには、いつの間にか集団の同質性が高まることによって、物の見方が偏ってしまうことによる。組織において、価値観の近い者を採用、登用し続けることによって、異質さが集団の中で減じてしまう。同じタイプの者たちが、同じような発想で、同じ誤りをしていることに気づかない事態が生じるのである。また、重要な決定ほど秘密裏に行われる傾向があるので、特定の集団から広げて是非を諮るような機会がもてなくなってしまう。また決定までの時間的プレッシャーがあると、ますます多様なアイデアによって考え直すゆとりも失われ、自分たちの決断が正しいものと確証してしまいやすくなるであろう。

　集団浅慮を防ぐには、意識的に多様な価値観をもつ者たちが多様な意見を発言できる雰囲気を醸成し、耳を傾けて議論ができるような状態を維持することが有効であろう。

　また、議論の中で、結論が極端な方向へ振れていく場合があることも指摘されており、これをリスキーシフトと呼ぶ(Stoner, 1961)。

4.3　集団間関係

4.3.1　社会的アイデンティティ理論

　社会的アイデンティティ理論を提唱したタジフェルら(Tajfel, 1971；Tajfel et al., 1971)は、集団間の関係に基づく多くの現象を解析した。人は、自身が属する集団である内集団と、自身が属していない集団である外集団を区別する。自身のセルフ・エスティームは、属する集団がよき集団であることから得られる集団自尊心を通じて、間接的に維持、高揚することができる。内集団が優れた集団であることに自身もメリットを感じることから、内集団に有利な形でことがらを理解する傾向をもつ。

　タジフェルらは、報酬分配の実験を通じて、人が内集団をひいきすること、しかも、歴史的経緯もない、ただ2つの集団に分かれただけである最小条件集団において、内集団ひいきが生じることを示した。

　図4.3の報酬分配のマトリクスから自分ではない内集団メンバーと外集団メンバーに対してどれを選ぶかの実験を行うにあたって、内集団が表の下側である(a)では、右に行くほど内集団も外集団も値が上昇するが、左のほうでは内集団が不利であったのが、13で同じとなり、それ以降、右に行くほど内集団の有利さが増していくことになる。一方、内集団が表の上側となっている(b)では簡単ではなく、右に行くと絶対的な分配量は大きな数になる一方、外集団と比較すると不利になっていく。どの組合せを分配として選ぶかで、内集団ひいきの程度がわかることとなる。(a)の選択位置から(b)の選択位置を引くことによって、内集団ひいきないし外集団への敵視の程度が見られると考えられる。こうした結果から、一つの条件では約72%の内集団ひいきが見出され、意味のある集団間だけでなく、最小条件集団パラダイムと呼ばれる意味合いの薄い集団分けにおいても生じることをタジフェルらは示した。

　外集団が内集団にとって妨害にならない限り、即座に外集団を攻撃しようという動機づけは生じない。しかし、限られた領土を確保することや、利益が衝突するような状況においては、内集団の利益は、そのまま外集団にとって損失となるので、集団間の対立がより切実なものとなるであろう。

　人事などの限られたポストでも、特に外集団に意図的に被害を与えようとは考えていなくても、内集団成員を優遇してしまうと、結果的に外集団の人たちには不利益となることもある。

　内集団成員を優遇することは、互恵的利他主義の観点からも、より互恵性を確実に期待できる顔を見知った内集団成員間で協力行動を行うことで、将来の

(a)	外集団	7	8	9	10	11	12	13	14	15	16	17	18	19
	内集団	1	3	5	7	9	11	13	15	17	19	21	23	25
(b)	内集団	7	8	9	10	11	12	13	14	15	16	17	18	19
	外集団	1	3	5	7	9	11	13	15	17	19	21	23	25

図4.3　内集団ひいき測定のための分配マトリクス(Tajfel et al., 1971)

自己の利益をより確かなものとすることができる（清成，2002）。

　時に外集団に対して冷淡となるのは、相手をよく知らず、身近に感じられないという背景もある。より距離の離れたところでの出来事は、身近な出来事よりも援助しようという動機づけが弱いことが示されている。このように、詳細な知識の欠けたステレオタイプ・イメージから偏見が生じることもある。

4.3.2　偏見

　人は集団に対して、決まり切ったイメージで先入観を抱くことがある。これがステレオタイプと呼ばれるものである。ステレオタイプに基づいて、好悪の感情を発動させると、それが偏見となり得る。はっきりした嫌悪や敵対心でなくても、ステレオタイプから相手の性質やそれに基づく欲求を決めつけてしまうと往々にして偏見的対応が生じてしまいやすい。

　第3章でフィスクらのステレオタイプ内容モデルを示す中で、ステレオタイプ・イメージが、その集団に対する感情にも影響することが図示されている。そこでは、一般的に第三者がどのように集団を見るかという点から描かれているが、ここから集団間関係を拾い出すこともできるだろう。

　対角にある「能力高／温かさ低」vs「能力低／温かさ高」という条件は、現実に、「都市部 vs 地方」、先進国と途上国の南北問題、キャリアの追求と子育てなどの考え方を巡り、対立要素を含んでいる。内集団／外集団の原理に基づけば、人は自分を防衛するために、対置されている逆の立場の者を攻撃し、貶めることも生じる。大衆迎合的な振る舞いの中で、反知性主義を示すことなどもこの図式から理解できる。

　この中では、他集団を敵対的に認識することが含まれていたが、排斥的な対応が起こりやすい条件も考えられる。第1章で描かれた社会的比較の要素を加味すると一段と理解がしやすくなる。自分で大切とされている価値のもと、自分の有利な特徴を重視すれば、その引き換えに対立他者の有する特徴の価値を下げて見ることがもたらされることがある。

　たとえば、スポーツに大きな価値を見出さないことは、スポーツに熱を入れ

ている人からすると不本意なこともあろう。勉強が苦手な人は、「勉強なんか
したって人生で大して意味がない」と言うかもしれない。人はしばしば自身が
得意な部分を重要な領域であるとし、その中において自身の優位性を維持しよ
うと図る。こうしたことが集団レベルで広がると、スポーツ観戦でのファン同
士のいざこざやフーリガンの暴動といった事件にも発展する。さらに大きくな
ると国家同士の対立となり、最悪の場合戦争に至る。そうでなくても、イン
ターネットの中で、政治的意見の対立による罵り合いなども見られることで
ある。事の見え方は、双方の陣営で異なるので、紛争は容易には収まらない。
妥協を図ることを試みても、双方にとって妥協案が自身の側に不利や不満を強
いているように感じる、という認知バイアスや不信のために、なかなか収まら
ないのである(大渕, 2015)。

4.3.3 集団間関係の改善

(1) 共通の目標を強調すること

　シェリフら(Sherif, 1956;Sherif & Sherif, 1969)は、キャンプに参加する子
どもたちを集めてフィールド研究を行った。12歳くらいの少年たちが最初は
お互いの存在を知らない別の集団としてキャンプ地に入り、自分たちの集団内
で食事準備やハイキングなどの活動を行い一体感を高めていった。その後、も
う1つ別の集団があることを知らされ、競技などの交流をする中で、互いに対
抗心を抱くようになってきた。

　シェリフの実験は3年度にわたり、さまざまな条件を設定して、対立的な集
団間関係をいかに改善できるかを実証的に検討してきた。食事を一緒にとるこ
とや映画鑑賞を一緒に行うなどの接触機会はあまり有効に働かず、対抗心が維
持されるだけであった。

　そこで導入された活動は、キャンプ参加者全員にとって重要である、水のタ
ンクの破損に対して全員がその修復にあたることや、買い出しのトラックの脱
輪を全員で動かすことといった上位目標となる共通の目標の導入に基づく協力
活動を通じて、敵対感情が緩和され、肯定的な交流が促進されることを示した。

実際的な集団を用いて、複数の条件を試みた点で本研究は集団の葛藤という現象についての実証的知見をもたらす嚆矢となった。

(2)　上位のアイデンティティ(共有内集団アイデンティティ)

地域で共存するためには、広い地域連合ないしは共同体を想定し、互いに利得があるような協力関係を提起し、狭い内集団から注意をより上位の集団アイデンティティへと向けさせることが有効である(Gaertner & Dovidio, 2000)。

実験においても、対立する小さな集団から、互いの象徴的しるし(集団名や着ているTシャツ)を統一することで、上位のアイデンティティを強調することにより、かつての外集団成員への印象改善がなされることが示された(Gaertner et al., 1990)。しかし、元の集団アイデンティティを捨てる、ないし比重を軽くすることは、歴史文化などの関連から困難であることも多く、複数集団のアイデンティティという多様性を維持しながら協力関係を築く方法が模索されている。

(3)　寛容と謝罪

相手の譲歩を引き出すために、謝罪はしばしば有効である。対立感情や怒りなど容易に解決しない場合もあるが、謝罪によって和らぐ可能性もある。相互利益を得るためには、相互に寛容に振る舞う必要があるが、謝罪はそのきっかけともなる(大渕, 2015)。

4.4　公正と道徳

集団間の争いの一つの基盤となるのは、奉じる価値の不一致や社会像の不一致、政治的意見の分断、分極化である。人が大切にする価値を研究する視点の一つとして、道徳意識(モラル観)というものがある。モラルとは、法規に準じる、反するという範囲を超えて、人がなすべき望ましい行いと、望ましくない行いを区別するものであり、関係する他者に対する見極めにおいても非常に重

要な側面である。モラル的に害をなしやすい人物とわかれば、人は自身の身を守るためにもあまり近づきたくはないであろう。こういったサバイバルの観点から考えても、他者のモラル意識を推定することや、モラルの領域において自他を理解することは人にとって重要な意味をもつ。

　日本でモラルといえば、道徳の授業で「仲良くしましょう」、「人のために尽くしましょう、配慮しましょう」などの導きが多いことを想起されるかもしれない。これは配慮（ケア）といい、他者を傷つけないという価値意識を示している。しかし、実のところモラルというのは多様なものであり、ケアだけではないさまざまな論点がある。これらを5つにまとめたのが、ジョナサン・ハイトらであった（Haidt, 2001；Graham et al., 2013）（**表4.3**）。

　公正とは、誰かが抜け駆けしたり、ただ乗りしたりすることを悪いことだと考えて、これらを防止するようなモラルである。アメリカの調査では、民主党支持者はこのケアと公正の2つの道徳を特に重視する傾向があるという。それに対して、保守である共和党支持者は広くこれらの5つのモラルを重視する。すなわち、宗教的価値や、忠誠、権威なども重視する（Haidt, 2012）。また、アジア地域での調査から、アジアの途上国では、忠誠や権威を重視することが、先進的な欧米地域よりも多く見られることが指摘されている。内集団を重視する忠誠のモラルを守ることを、たとえば公正と対置させると興味深いことがわかる。企業などがルールを守って経済活動や生産活動を行っているか、時に不

表4.3　5つの道徳基盤

ケア vs 傷害	人を傷つけない、愛他的に振る舞う
公正 vs ずる（欺瞞）	ルールに公平に従う、フリーライダーとならない
忠誠 vs 裏切り	内集団を利する、仲間を大切にする
権威 vs 秩序紊乱	権威者に従う、秩序維持を重視する
神聖 vs 冒涜、穢れ	宗教的な価値観に従う、汚いことをしない

Graham et al. (2013) を参考に筆者作成。

祥事によって企業ぐるみでそれらを見逃すことや、利益優先で確信犯的にルールに従わない場合が見られるが、こうしたケースで従業員からの指摘や告発が見られない場合というのは、従業員が公正のモラルよりも忠誠のモラルを重視するからに他ならない。

このように、状況によって各モラルは対立するので、いずれを重視するかは人の行動傾向にとって重要な基準を与えることになる。公正よりも権威を重視すれば、権威ある人たちの特権を保護し、平等ではない特別扱いを許すことになるだろう。権威が公正を凌駕すると、その優遇が違法性を含んでも不当な利益供与や贈収賄の基盤をなす考え方ともなる。

つまり現代の社会運営では、ルールとしては公正さというモラルがより重要になっている時代であると捉えることができる。複数のモラルを分類して設定することで、こうした社会の仕組みを見通しやすくし、表現することばを与えることができることは重要であろう。

第4章の引用・参考文献

[1] Brown, M.E., Trerio, L. K., & Harrison, D. A.(2005). Ethical leadership:A social learning perspective for construct development and testing. *Organizational Behavior and Human Decision Processes, 97*, 117-134.

[2] Deutsch, M., & Gerard, H. B.(1955). A study of normative and informational social influences on individual judgment. *Journal of Abnormal and Social Psychology, 51*, 629-636.

[3] Gaertner, S., & Dovidio, J. F.(2000). *Reducing intergroup bias:The common ingroup identity model.* Psychology Press.

[4] Gaertner, S. L., Mann, J. A., Dovidio, J. F., Murrell, A. J., & Pomare, M.(1990). How does cooperation reduce intergroup bias? *Journal of Personality and Social Psychology, 59*, 692-704.

[5] Graham, J., Haidt, J., Koleva, S., Motyl, M., Iyer, R., Wojcik, S.P., & Ditto, P.H. (2013). Moral foundations theory:The pragmatic validity of moral pluralism. In P. Devine & A. Plant(Eds.), *Advances in experimental social psychology* (Vol.47, pp. 55-130). Academic Press.

[6] Greenleaf, R. K.(1977). *Servant Leadership.* Paulist Press.

[7]   Haidt, J.(2001). The emotional dog and its rational tail:A social intuitionist approach to moral judgment. *Psychological Review, 108*, 814-834.

[8]   Haidt, J.(2012). *The righteous mind*. Pantheon Books(高橋洋(訳)(2014). 社会はなぜ左と右にわかれるのか　紀伊國屋書店)

[9]   Janis, I. L.(1971). Group think. *Psychology Today*, November.

[10] Janis, I. L.(1972). *Victims of groupthink:A psychological study of foreign-policy decisions and fiascoes*. Houghton Mifflin.

[11] 清成透子(2002). 一般交換システムに対する期待と内集団ひいき　心理学研究, *73*, 1-9.

[12] Kugihara, N.(1999). Gender and social loafing in Japan. *Journal of Social Psychology, 139*, 516-526.

[13] 釘原直樹(2011). グループ・ダイナミックス：集団と群衆の心理学　有斐閣

[14] Latane, B., Williams, K., & Harkins, S.(1979). Many bands make light the work:The causes and consequences of social loafing. *Journal of Personality and Social Psychology, 37*, 822-832.

[15] Milgram, S.(1974). Obedience to authority. Harper & Row.

[16] 三隅二不二(1978). リーダーシップ行動の科学　有斐閣

[17] 三隅二不二(1984). リーダーシップ行動の科学 改訂版　有斐閣

[18] Mudrack, P. E. (1989). Defining group cohesiveness:A legacy of confusion? *Small Group Behavior, 20*, 37-49.

[19] 小野公一 編(2019). 人を活かす心理学　北大路書房

[20] 大渕憲一(2015). 紛争と葛藤の心理学—人はなぜ争い、どう和解するのか—サイエンス社

[21] 坂田桐子編(2017). 社会心理学におけるリーダーシップ研究のパースペクティブⅡ　ナカニシヤ出版

[22] Sherif, M.(1936). *The psychology of social norms*. Harper & Row.

[23] Sherif, M., & Sherif, C. W.(1969). *Social Psychology*. Harper & Row.

[24] Stoner, J. A. F.(1961). *A comparison of individual and group decisions including risk*. Unpublished Master's thesis. School of Industorial Management. MIT.

[25] Tajfel, H.(1978). *Differentiation between social group*. Academic Press.

[26] Tajfel, H., Billig, M. G., Bundy, R. P., & Flament, C.(1971). Social categorization and intergroup behavior. *European Journal of Social Psychology, 1*, 149-178.

[27] Zajonc, R.B., & Sales, S. M.(1966). Social facilitation of dominant and subordinate responses. *Journal of Experimental Social Psychology, 2*, 160-168.

第5章
消費の意思決定をする

　「消費」という言葉で、多くの人は何を思い浮かべるだろうか。現代に生きる私たちは、百貨店やスーパー、またはコンビニでの買い物を思い浮かべるかもしれない。確かにそれは消費の一側面ではあるが、それが消費のすべてではない。

　やや大げさな言い方をすれば、消費とは生きることと同義である。より経済学的な人間観に基づくなら、消費とは生活を繰り返すために必要なすべての行為を指す。たとえば、私たちは生体維持のために食事や衣服を必要とする。衣食住にかかわるものは、すべて消費の対象である。

　さらに、生体維持のためだけに商品を消費するのではない。それらの消費を通じて、実体はもたないがイメージを与えてくれるもの(記号)を私たちは消費する。たとえば、衣服は体温維持の機能を果たせば本来十分である。しかし、私たちは衣服にデザイン性も求める。それは、衣服がファッションという記号として消費対象になっていることを意味する。このように消費を捉えると、私たちの生活はすべて消費で成り立っているといっても過言ではない。

　消費者行動論は、人間の消費を検討する学際的な学問分野(たとえば経営学や心理学など、さまざまな領域を横断する学問分野)であり，社会心理学で検討されているさまざまなテーマとも密接に関連する。本章では、特に購買行動を中心とした概念や知見を検討するが、前述のように、消費はより広い概念であることを念頭においてほしい。それにより、社会心理学のこの分野における役割と意義がより明確になるはずである。

5.1　購買は問題解決

　なぜ私たちは商品を購入するのか？　普段はあまり意識しないが、消費者は目の前の問題を解決するために商品を購入するのである。そして、解決にいたるまでには、いくつかの段階が存在する。ここでは5段階に分け、スマートフォンの買い替えを例にして考える[1]。

　① 問題認識

　「画面が小さい」、「バッテリーが保たない」、「もう少し小型のほうがよい」など、買い替えたいと思う理由が認識される段階である。

　② 情報探索

　その名のとおり、パンフレットやインターネット、または友人などから商品情報を収集する段階である。なお、この際、過去の自身の経験があったり、ブランドへの忠誠心（ブランド・ロイヤリティ）があったりすると、それらも情報探索に影響する。

　③ 代替案の評価

　機種やブランドといった、さまざまな候補を評価する段階である。狭義には、このプロセスが購買意思決定である。

　④ 製品選択

　自分にとって最適な商品が選択される段階である。

　⑤ 結果の段階

　実際に購入した商品の使用にかかわる段階である。商品レビューなどは、この結果の段階での評価をシェアする行動といえる。

　購買行動で注目されやすいのは、特に③や④の段階であるが、その前後の段階も消費が繰り返されるという意味で重要である。さらに、このような段階は消費者にすべて意識されているというわけでもなければ、常にその段階を順番に踏んで購入に至るわけでもない。この5段階は、あくまで理想的な購買行動の過程が想定されている。なお、ここでの「理想的」とは、すべての情報を段

階どおりに意識的に処理している、という意味においてである。

5.1.1　機会と必要の認識

　売り手の観点から消費者の問題を捉えると、商品の売り込みは、問題解決の方法を提案することである。具体的には、「私たちの商品でこのように問題解決できます」という提案であり、それがセールス・プロモーションである。

　問題というのは、現実と望ましい状態とのギャップの認識である。たとえば、「綺麗な自分」というのが望ましい状態であるとして、「自分は綺麗である」という現実の状態の認識であれば、問題は存在しない。それに対し、「今の自分は綺麗ではない」との認識であれば、そこに現実と望ましい状態とのギャップが存在することになり、問題となるのである。その際、消費者がどのようにギャップを認識しているのかで効果的なプロモーションは異なる。それは、機会と必要の認識に大別される。

　機会の認識とは、現実の認識よりも、より望ましい状態があるとの認識である。それに対し、必要の認識とは、現実の認識が望ましい状態になっていないことの認識である。たとえば、「この商品を使えば、より綺麗な肌になります」と伝えるのは機会の認識に対する提案であるのに対し、「この商品を使うことで、あなたの肌があのころのようになります」と伝えるのが必要の認識に対する提案である。

5.1.2　拡張的問題解決と限定的問題解決

　すでに述べたように、購買プロセスのすべての段階が意識されているとは限らない。購買する商品の種類によっても意識される程度は異なる。たとえば、家電量販店でパソコンを買うときに比べ、コンビニでチョコレートを買うときには、それほど入念に商品の比較検討は行わないであろう。つまり、チョコレートを買うときには、パソコンに比べて意識的な労力を払っていないのである（ただし、バレンタインデーなど、状況によってはチョコレートの購入でも意識的な労力を払うこともある）。

　ソロモン[2] は、投入する意識的な労力の観点から、問題解決を拡張的問題解決と限定的問題解決に分類した。拡張的問題解決とは、自分にとって重要だと思える商品の購入で適用されやすい問題解決のモードである。このモードでは、情報を広範囲に探索し、意識的な労力を割いてブランドを比較検討する。つまり、本節の冒頭で述べた理想的な購買行動で問題を解決する。それに対し、限定的問題解決は、そのような情報探索やブランド間の比較にそれほど意識的な労力を割かない。その代わり、シンプルな決定ルール、たとえば、「高い値段のものはよいものだろう」といったヒューリスティック(経験則)を用いて購買する。このように、意識的な労力の少ない情報処理を自動性という。つまり、限定的問題解決は自動性に依拠した問題解決のモードである。

　さらに、限定的問題解決よりも自動性に依拠した問題解決として、習慣的意思決定が想定される。習慣的意思決定は、情報探索や比較検討を必要としない購買が相当する。たとえば、いつも使っているティッシュペーパーや洗剤を購入するといった、すでにブランドが決まっている買い物が相当する。

5.1.3　消費者ハイパー選択

　現代社会の一つの特徴として、提供される商品の数が多いことが挙げられる。さらに、インターネットの普及により、さまざまな商品情報にアクセスしやすくなり、消費者は膨大な選択肢を手に入れることが可能となった。それは、消費者にとって望ましい状況であると同時に、消費者に多大な心理的な負担を強いる状況である。このように、考慮する選択肢の数が多すぎて、消費者の心理的なエネルギーを必要以上に消耗させるような状況を、消費者ハイパー選択と呼ぶ。このような状況において、消費者は入念な情報探索や比較検討ができなかったり、心理的な負担が増えることによって買い物嫌いになったりする。

　また、この消費者ハイパー選択は、マーケターやプロモーターにとっても深刻な状況である。なぜなら、自社の商品を消費者の選択肢に入れてもらうことが困難になるからである。そこで、印象に残る広告や、効果的なプロモーションを通じて、彼らは自社の商品を消費者の選択肢に入れてもらい、さらには購入

してもらわなければならない。

　厳密にいうと、消費者の選択肢とは、購入候補のブランドとして認識されているかどうかである。選択肢として認識されているかどうかについて、選択肢の代替案が想起できるかどうかの観点から概念化したものとして、想起集合と考慮集合という区分がある。想起集合とは、消費者がすでに知っていて思い出せるブランドの集合であり、考慮集合とは購入の際に実際に代替案として比較検討されるブランドの集合である。基本的に、広告はブランドを消費者の想起集合に入れてもらう試みであり、プロモーションは考慮集合に入れてもらう試みである。

(1)　選択肢の多さの影響

　それでは、選択肢の多さは、消費者にどのような影響を及ぼし、その結果、どのような結果が帰結されるのであろうか。アイエンガーとリッパー[3] は、商品選択肢の多さの効果について、フィールドと実験室で検討している。

　まず、彼女らは、実店舗のジャムの試食コーナーで、選択肢の数の効果を検討した。条件は、6 種類のジャムが試食できる少数選択肢条件と、24 種類のジャムが試食できる多数選択肢条件であった。この 2 つの試食コーナーを時間交代制で同じ場所に設置した。そして、試食コーナーへ立ち寄った人数や購入者の数を調べた。その結果を表 5.1 に示す。

　試食コーナーに立ち寄った人の割合は、6 種類の少数選択肢条件で 40%、24

表 5.1　アイエンガーとリッパーの実験結果

	少数選択肢条件 (6 種類)	多数選択肢条件 (24 種類)
試食コーナーに立ち寄った人	40% (通りかかった 260 名中 104 名)	60% (通りかかった 242 名中 145 名)
実際に買った人	30% (立ち寄った 104 名中 31 名)	3% (立ち寄った 145 名中 4 名)

種類の多数選択肢条件で60％であった。つまり、選択肢の数の多い試食コーナーの方が、立ち寄った人が多かったのである。しかし、実際に購入したのは、6種類の少数選択肢条件で30％、24種類の多数選択肢条件で3％であった。つまり、実際に購入した人は6種類の試食コーナーのほうが多かったのである。

(2)　選択肢過多仮説

　この結果は、選択肢の数が多すぎることの負の側面を示している。選択肢過多仮説（choice overload hypothesis）によると、人は選択肢の多さが望ましいと最初は思うが、最終的には動機づけが低下すると予測される。アイエンガーとリッパーの研究は、この仮説を支持する結果である。

　ただし、この試食コーナーのフィールド研究の結果は、次の3点に問題がある。

① 　少数選択肢条件の実験参加者は、「この6種類は特別」と感じたのかもしれない。特別だと感じるほど、購入する人も多いはずである。

② 　6種類と24種類のそれぞれの試食コーナーで異なる人（ジャムを買いたい人と、そうでないジャムの購入意欲がない人）を惹きつけたのかもしれない。特に24種類は今までジャムに興味のない、いわゆる冷やかし客が多かったのかもしれない。

③ 　多数選択肢条件の実験参加者は、24種類も食べ比べするほどの時間が取れなくて、好みのジャムを見つけるのを断念したのかもしれない。

　これら3つの可能性は、いずれも選択肢過多仮説を用いずに実験の結果を説明できる代替説明である。

　そこで、アイエンガーとリッパー[3]は、より統制された別の実験を行なっている。その実験では、大学生にゴディバのチョコレートを試食してもらった。その際、前述の①〜③への対策として、チョコレートの好きな程度やゴディバを食べる頻度が大体同じ実験参加者に限定した。そして、選択肢の数として、6種類の少数選択肢条件と、30種類の多数選択肢条件で、チョコレート選びの楽しさなどを評定した。さらに、実験の謝礼として「現金5ドル」か「5ドル

相当のゴディバ」を選択してもらった。この選択により、選択肢であるゴディバの価値がどちらの条件で高かったのかを推測できる。

その結果、少数選択肢条件よりも多数選択肢条件で、実験参加者はチョコレート選びが楽しいと感じていた。しかし、実際に「5ドル相当のゴディバ」を選んだ実験参加者は、少数選択肢条件で48％であったのに対し、多数選択肢条件では12％であった。この結果も選択肢過多仮説を支持する結果である。

まとめると、選択肢の数の多さは、購入前には望ましいとみなされやすいが、実際に比較検討をする段階では消費者に過負荷となり、結果として購入やその後の評価に負の影響を及ぼす。このアイエンガーとリッパーの実験は、消費者ハイパー選択における、消費者の典型的な心理行動傾向を示したものであろう。

5.2　購買意思決定

商品の選択肢が複数あったとして、その中で実際に選ばれるのはどれだろうか？　言い換えると、私たちは、どのような思考過程を経て特定の商品の購入を決定するのであろうか。すでに述べたように、狭義に定義するなら、この過程が購買意思決定である。

購買意思決定の前提は、商品を属性の集まりとして認識するということである。属性とは、商品の特徴であり、それらはブランド間で比較可能である。たとえば、A社とB社のそれぞれのパソコンについて、「画面タッチ機能の有無」と「価格」を属性として設定しよう。たとえば、ある人が、「A社のパソコンは画面タッチの機能があるが、B社のパソコンにはない。だけど、B社のほうがA社よりも価格が安い」と考えた人がいるとする。この人の場合は、画面タッチ機能の有無の属性ではB社よりA社が優れ（タッチ機能があるほうがよいという基準で）、価格の属性ではA社よりB社が優れている（安いほどよいという基準で）と評価されることになる。また、同じパソコンのブランド間比較において、「B社の方がA社よりも価格が安い。別にパソコンの画面タッチ機能はあってもなくてもいい」と考えた人がいるとする。この人の場合は、画

面タッチ機能の有無は評価されず、価格のみで評価していることになる。

この属性の仮定により、消費者の購買意思決定過程は数量的なモデルで表現することが可能となる。具体的には、各属性の数値をパラメータとして設定し、特定の基準に基づいたルールとして、商品が選択されるまでの消費者の思考過程を明らかにする。以下では、その代表的なルールである意思決定方略について概観する。

5.2.1 意思決定方略

意思決定方略は、大別すると補償型と非補償型に分類される（**表 5.2**）[4]。補償型とは、複数ある属性の評価の中に低いものがあっても、他で高ければそれで埋め合わせが可能なやり方である。それに対し、非補償型とは、属性の評価の中に基準に達しないものがあると、それを理由に候補から外すやり方である。その他の属性で評価が補償されないので非補償と呼ばれる。

以下では、**表 5.3** のパソコンのブランドを例として、それぞれの方法を説明する。表 5.3 に記載されているそれぞれの属性の重要度とブランドの評価の値を確認してほしい。数値は 1 〜 10 の間で変動し、数値が高いほど重要な属性であるか、または評価が肯定的であることを示す。たとえば、表の例だと、属性の中で一番重要だと考えられているのは価格の 6 点で、パソコン A は、すべての属性で 5 点という評価である。

表 5.2　意思決定方略の分類

補償型	加重加算型
	単純加算型
非補償型	逐次消去型
	辞書編纂型
	連結型
	分離型

表 5.3　属性とブランド（パソコン）の点数

属性(重要度)	パソコンA	パソコンB	パソコンC
価格(6点)	5点	4点	5点
CPU性能(5点)	5点	4点	8点
デザイン(1点)	5点	7点	3点

(1)　補償型

　補償型の中で、すべての属性を合理的に考慮する方略が加重加算型である。これは、それぞれの属性の重要度に評価の値を掛け合わせた合計で、もっとも高いブランドを選ぶというルールである。たとえば、パソコンAであれば、$(6 \times 5)+(5 \times 5)+(1 \times 5)$=60点、同様の計算方法でパソコンBの51点、パソコンCの73点と比較することになる。この場合、合計点で一番高いパソコンCが選ばれることになる。

　また、補償型の中には単純加算型と呼ばれる方略もある。これは、評価の値に基準（合格点）を設定し、それをクリアした属性の数が多いほど選ばれるというルールである。たとえば5点を基準とすれば、もっともクリアした属性の数の多いパソコンA（3つの属性で基準クリア）が選ばれることになる。

(2)　非補償型

　非補償型には、候補となる選択肢（ブランド）をすべて比較する逐次消去型と辞書編纂型、および、選択肢ごとに検討する連結型と分離型がある。

　逐次消去型は、基準を設定して重要な基準から順番に商品を比較して選択肢を外していくルールである。たとえば5点を基準として、重要な属性である価格から検討していく。この場合、価格で基準を満たしていないBがまず候補から外れる。次にCPU性能で、残ったAとCを比較する。そして、両方とも5点をクリアしているので、そのまま次のデザイン属性を比較する。デザインの属性ではCが基準を満たしていないので、最終的にパソコンAが選ばれ

る。

　逐次消去型は捨てる選択肢に着目するルールであるの対し、辞書編纂型は残す選択肢に着目するルールである。具体的には、重要な基準で最も高いものがあれば、それが選ばれる。なお、同点なら次の基準で高いものを選ぶ。表5.3の例では、まず価格の属性でAとCが同点で残る。そして、次のCPU性能の属性で、得点の高いパソコンCが最終的に選ばれることになる。

　非補償型の中の連結型と分離型は、選択肢の提示順序が影響する。連結型は、複数の属性で基準をすべて満たしていたらそのブランドに決定して終わり、というルールである。たとえば、基準を5点に設定してパソコンAから検討を始めると、そこで判断が終わり、最終的にパソコンAが選ばれる。この場合、BとCは検討されない。それに対し、分離型は、高めの基準を設定し、どれか1つでもそれを満たしていれば、そのブランドに決定して終わりというルールである。たとえば8点を基準として、パソコンAから検討を始めると、パソコンCまで検討して、はじめてCPU性能の属性がクリアするので、最終的にパソコンCが選ばれることになる。この場合、もしパソコンCから検討を始めていたら、AとBはそもそも評価されない。

　以上のように、意思決定方略にはさまざまな種類があるが、私たちがどのような方略を用いるのかは、商品の性質、買い物の状況、個人差などのさまざまな要因が影響するので、これらの方略で消費者の意思決定がすべて説明できるわけではない。しかし、このように数値化しやすいルールで意思決定が表現できることは、実証研究にとって大きなメリットである。

5.2.2　価格とメンタル・アカウンティング

　商品属性の中でも、価格は注目を浴びやすい。特に、品質のよし悪しがわかりにくい商品では、価格は品質を推定する手がかりとして用いられやすい[5]。たとえば、ある研究では[6]、鎮痛剤に見せかけたビタミン剤であっても、その錠剤の価格が高い場合には低い場合に比べて「効いている」と思いやすいことが示されている。

　また、この価格の影響は、相対性をもつことが知られている。たとえば、45ドル（6,800円相当）の少し高めのウールのマフラーをプレゼントしてくれる人の方が、55ドル（8,300円相当）の少し安めのウールのコートをプレゼントしてくれる人よりも気前がよく思えることを示唆した研究がある[7]。これは、商品によって価格帯の範囲が文脈として機能しているためである。つまり、コートの価格帯（おおむね50ドルから500ドル）では55ドルは安く見えるが、マフラーの価格帯（おおむね5ドルから50ドル）では45ドルは高く見えるのである。このように、価格と商品の品質判断の関係には、個人の中で異なる基準を使い分けている可能性が指摘されている。

　次に、価格それ自体に注目してみよう。価格とは商品の交換価値をお金で表したものである。本来、お金自体には「何の色もついていない」はずである。したがって、お小遣いでもらった千円札と、労働して得た千円札の価値に違いはない。もし、そうでなければ、お金で商品を買う（交換する）ことはできないはずである。しかし、私たちはお金をそのように見ているとは限らない。たとえば、初めてアルバイトをして得た給料を覚えている人もいるだろう。そのお金は、たとえ少額であったとしても、本人にとっては「価値あるもの」となる。

　このように、お金の損得評価が相対的になることで、お金と商品の交換レートに大きなばらつきが生まれることになる。そして、それは標準的な経済原則に基づく人間観からは予測できない現象を生み出す。たとえば、トヴァスキーとカーネマン[8]の示した次の2つの例は、その典型である。

①　あなたは芝居を見ようと決めた。チケットは10ドルである。ところが劇場に着いてみると、財布の中の10ドル札が1枚なくなっていた。それでも、10ドルを払ってチケットを買うか？

②　あなたは芝居を見ようと決めて、10ドルでチケットを買った。ところが劇場に着いてみるとチケットがなくなっていた。あなたは座席番号をチェックしておらず、チケットの再発行はできない。改めてチケットを買うか？

トヴァスキーとカーネマンによると、この2つの文章を別の実験参加者に提

示したところ、①では88％の人が「買う」と答えたのに対して、②では46％の人が「買う」と答えた。両方の文章を比べてみると一目瞭然であるが、10ドルを損失している点ではまったく同じであり、合理的に考えれば、この2つの例で買うか買わないかの比率が異なることは明らかにおかしい。これは、芝居のチケットとして事前に購入した10ドル（②の例）は、購入した時点で心理的に「別の会計」となっていることを示唆する。この心理的に異なった会計をそれぞれ独自の基準で評価する現象をメンタル・アカウンティングとよぶ。

5.3　消費者の知覚と態度

　上記のメンタル・アカウンティングの例からもわかるように、私たちは常に経済学的に合理的な判断をしているわけではない。そのような消費者像は標準的な経済学の人間観を見直す契機となった。そのことは、これまで知覚心理学や社会心理学で検討されてきた人間の一般的な心理行動傾向が、消費場面でもさまざまな形で関与していることを示唆する。以下では知覚心理学で検討される視覚に関連する研究例と、社会心理学で検討される態度概念（対象への肯定や否定の心的構え）の適用例を検討する。

5.3.1　感覚マーケティング

　マーケターやプロモーターにとって、消費者にどのような感覚体験を提供するのかは重大な関心事である。世の中に出回る情報が多くなればなるほど、自社の商品を消費者に知ってもらう機会が減ったり、他の商品情報に埋もれてしまったりする。そのため、マーケターやプロモーターは、自社の商品を消費者の考慮集合に入れるために、印象的な広告やプロモートを行おうとする。

　近年、消費者の五感、すなわち視覚、聴覚、嗅覚、味覚、触覚といった多くの感覚器官を同時に刺激するリッチメディア広告の台頭に伴って、人間の基本的な知覚原理を理解するニーズは、実務者の間でも高まっている。以下では、視覚についての代表的な研究を検討する。

　デンとカーン[9]は、商品イメージがパッケージのどの位置にあるのかによって、消費者の商品評価に与える影響が異なることを実証した。昔から、デザイナーや植字技術者は、位置と重さ知覚の関係について経験則をもっていた。たとえば、モノを軽く見せるためには視野の中央よりも上に、または重く見せたければ視野の下に写真や文字を配置するなどである。その経験則によれば、下と右は「重い位置」として知覚される。下が重いと知覚される根拠は重力である。また、右が重いと知覚される根拠は、左が支点となり、右に進むにつれ重くなる場合にはだんだんと下がるからという理由と、利き目が右に多いという理由である。

　そこで、彼らの研究1では、さまざまな図形の中に円を垂直・水平方向の観点で区分して配置し、それぞれ円が「どのくらい重そうに見えるか」を評定してもらった（図5.1）。その結果、左右の効果はそれほどではなく、基本的に上下の効果が大きいことがわかった。つまり、図形中の上のほうにあるほど「軽い」とみなされ、下のほうにあるほど「重い」とみなされたのである。つまり、上下の位置の効果については経験則を支持しているが、左右の位置の効果については経験則を支持しているとはいえない結果であった。

　上下の位置の効果が有効であることをふまえて、続いて研究2として、商品とパッケージ写真の位置の効果について検証した。具体的には、商品のイメージが重いほどよいと考えられている商品では、商品写真がパッケージの下のほうに位置している場合に好まれると予想される。反対に、商品のイメージが軽いほどよいと考えられている商品では、商品写真がパッケージの上のほうに位

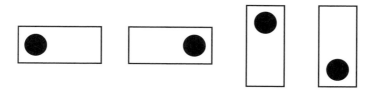

デンとカーン（2009）より筆者作成。

図 5.1　図形配置の例

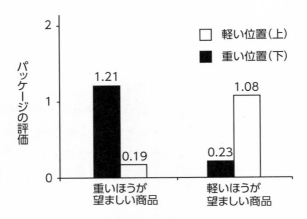

パッケージ評価は数値が高いほど肯定的であることを示す。

デンとカーン(2009)より筆者作成。

図 5.2　商品写真の位置とパッケージ評価の関係

置している場合に好まれると予想される。

　実験は、140名の大学生に3種類のスナック、3個の日用品(Webカメラ、リビングの蛍光灯、ぬいぐるみ)を評定してもらった。これらの商品は、事前調査(別の124名)でスナックが「重いほうが望ましい商品」、日用品が「軽いほうが望ましい商品」であることが確かめられていた。その結果、図5.1で示されたように、「重いほうが望ましい商品」では、商品写真が下の位置にあるパッケージが好ましいと評価され、「軽いほうが望ましい商品」では、商品写真が上の位置にあるパッケージが好ましいと評価されていた(**図5.2**参照)。この研究は、人間の知覚原理が商品の評価に影響を与える例であろう。

5.3.2　消費者態度

　態度は、行動の予測のために導入された心理概念である。たとえば、ある人がA社のパソコンについて肯定的な態度をもっているならば、その人はA社のパソコンを買うであろうと予測できる。すなわち、人の態度が事前にわかるのであれば、その後の行動も予測できるというわけである。

　態度は感情、認知、行動という3つの成分で構成される概念である。まず、感情成分は、特定の対象についての好き嫌いという感情である。次に認知成分は、特定の対象についての信念であり、真偽や賛否の評価である。最後に、行動成分は、特定の対象への行動の準備状態のことで、肯定的な対象に近づこうとする接近と、否定的な対象から遠ざかろうとする回避のことである。たとえば、「環境保護」という対象（テーマ）について、環境保護は好ましいという気持ちが感情成分であり、「環境保護は日々の生活の基盤である」という信念が認知成分、積極的に環境保護活動（たとえばゴミの弁別）を行うことが行動成分に相当する。

　この態度の3成分（感情、認知、行動）と、広告における効果階層の理論[10]を大枠として、ソロモン[2]は消費者における態度の3成分の相対的影響力の違いによって、それぞれ異なる商品の態度プロセスがあると指摘している。そこでは、図5.3にあるように、3つの層が想定されている。

　標準的学習階層は、広告における効果階層の理論と同様のプロセスであり、購買意思決定における「理想的」な消費者が想定されている。まず、商品についての情報を探索して蓄積されることで信念が形成される。続いて、その信念への評価に基づき各商品への感情が生起する。そして最後に、最も好感を抱いた商品を購入する行動が生起する。

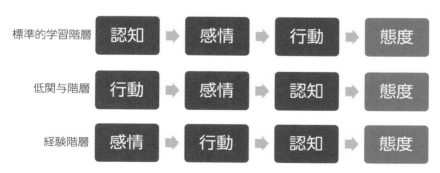

ソロモン（2015）に基づき筆者作成。

図5.3　態度プロセスの3形態

標準学習階層は比較的高価な商品や、自分にとって重要な商品で生起するプロセスであるが、態度の3成分の相対的影響力を変化させると、低関与階層や経験階層といった消費者の態度プロセスが導出される。低関与層は、まずは商品を「何となく」買ってしまうことから始まる。つまり、初めに行動が生起するのである。たとえば洗剤を例にすると、まずは何となく買ったブランドを実際に使ってみて、「これはいい！」といった感情的な評価を下す（行動から感情へ）。そして最後に、「この洗剤は〜の成分が含まれているから（他と比べて）綺麗になる」といった知識が蓄積されることで信念が形成される。

また、経験階層では、初めにさまざまな刺激による感情が生起する。たとえば、お店の雰囲気やパッケージデザインなどの売り場や商品の特性により生起される感情や、「泣きたい（感動したい）」といった個人の特性によって生起する感情などである。次に実際の行動が生起して、最後に信念が形成される。

低関与階層は、従来の広告の理論が必ずしもうまく機能しないことを意味する。つまり、消費者は「何となく」買ってしまった後に感情や信念が生起することになるので、商品の入念な比較は行われないことになる。この場合、商品の差別化を図り、自社の商品の優位性を謳う広告は無意味である。また、経験階層のような態度プロセスは、快楽消費に代表される購買の仕方で顕著となる。商品態度におけるこの考え方は、商品カテゴリーによって意思決定の仕方も根本的に異なることを示唆する点で重要である。

5.4 社会的影響

私たちの行動は、他者の存在を意識しただけで変化する。なぜなら、人は他者に対して、「こうありたい」や「こう思われたい」という欲求が存在するからである。このような他者との関係で生じる社会的欲求は消費にも影響する。以下では、社会的欲求の分類を導入したうえで、その欲求に基づく他者からの影響、すなわち社会的影響についての研究例を検討する。その後、社会的影響の源泉について議論する。

5.4.1 社会的欲求

　クリストファーソンとホワイト[11] は、消費者心理に影響する社会的欲求として、「他者とのつながり」、「自己高揚」、「印象管理」、「ユニークネス」の4つを指摘している。

　他者とのつながりとは、他者と一緒にいたいと思ったり、他者とかかわりたいと思ったりする欲求である。何気ない会話をした程度の、それほど親密でない他者が相手でもこの欲求は機能する。たとえば、店員と個人的な会話を交わすだけで、「買わないと（何となく）この人に悪いな」という感情を抱くのは、この欲求が機能した結果である。

　また、自己高揚とは、自分自身を肯定的に思いたい、または否定的な自己評価を避けたいという欲求である。たとえば、伝統的なジェンダー観で自己を定義している人は、その価値観にあう行動や振る舞いをすることで自己を肯定的に評価する。それゆえ、たとえば、「伝統的な男性らしさ」を求める人は、飲み会の席でビールを頼み、カルアミルクは避けるであろう（本当は甘いものが好きでも）。

　続いて、印象管理とは、他者からよい印象をもたれたいと思う欲求である。自己高揚と似ている側面もあるが、印象管理の欲求は、人から観察されるような状況、すなわち公的状況で強くなるのが特徴である。たとえば、チャリティーへの寄付をする際、他者からその行為を観察される状況で寄付への意欲が高まり、金額も高くなりがちなのは、自分の気前のよさを示すことで、他者から肯定的な印象を抱かれることを期待してのことである。

　最後に、ユニークネスとは、他者とは異なった存在でありたいという欲求である。この点について、以下のアリエリーらの研究を検討する。この研究は、消費者の購買行動がどれほど他者からの影響を受けているかを示す好例である。

5.4.2 消費者心理と社会的影響

　アリエリーとレバブ[12] は、人が昼食を注文する際、一緒に来た友人と注文

が被らないようにする傾向があることを、実証的に明らかにしている。

　彼らはノースカロライナ州にある中華レストランのランチメニューと注文伝票に着目した。このレストランのランチは25種類あり、どの皿もだいたい同じくらいの値段で、量も同じくらいであった。つまり、他者の影響を考慮しなければ、複数人で来た客の注文は、客個人の好みだけによって決まるはずである。しかし、もし、一緒に来た客（たとえば友人や家族）の影響を受けているのであれば、注文は極端に似ているか、または異なるはずである。

　そこで、アリエリーたちは、このレストレランに承諾を得て、注文伝票を6週間にわたり収集した。2人連れ以上の客の注文伝票はテーブル単位で1枚であり、合計で814枚が集まった。続いて、この伝票によって、テーブルごとの注文の多様性、すなわちどれくらい注文が被っているかを数値化した。数値は0から1の間で、0であるほど同じ種類のランチを注文しており、1に近づくほどそれぞれ違う種類のランチを注文していることを示す。たとえば、3人テーブルで、全員が同じ種類のランチを注文したら数値は「0」、全員が違う注文をしたら「1」、2人が同じで1人だけ違う場合には「0.5」になる。

　このようにして、テーブルごとの数値を算出して平均値を求めたところ、値は0.952であった。そして、各テーブルの客をランダムに組み合わせて100通りの架空のグループを作成して数値を算出して比べたところ、この0.952という値は突出して高い値であることが明らかになった。つまり、複数人で来た客は、一緒に来た他の客と「被らない」注文をしていたのである。これは、「他の人とは違うものを買いたい（頼みたい）」という消費者のユニークネス欲求が機能した結果である。

　また、アリエリーたちは、別のレストランで、同様の実験をビールの注文で行っている。ただ、上記の中華レストランのランチと大きく違うところは、店員が注文を取る際、2つの異なったオーダー方法を採用したとことである。半数のテーブルでは、いつもと同じように、店員が一人ひとりから注文を受ける方法であった。つまり、テーブルで最初に注文する人以外は、他の人の注文を聞かされる状況であった。もう半数のテーブルでは、店員が一人ひとりにメ

ニューを配り、他の人と話し合いをせずに注文を決めてほしいという方法だった。この場合には、客は隣の人がどのビールを注文したのかわからない。

　その結果、他人の注文がわからない方法で尋ねたテーブルに比べて、他人の注文がわかる方法で尋ねたテーブルでは、注文されたビールの種類が多様であった。これは、ランチの研究と同様に、「他人の注文とは違うものがいい」と考えた結果である。加えて、この研究では、注文したビールの満足度も尋ねた。その結果、他人の注文がわかる方法で尋ねたテーブルのほうが、自らが選んだビールの満足度が低かった。つまり、レストランで普通に行われるオーダーの仕方は、自らの飲み物に対する満足度を低めてしまうのである。これは、他人に影響され、注文が被らないことを第一に考えた結果、自分が本当に飲みたかったものを頼めなかったことが理由である。このことからも、「他人と同じものを注文したくない」という気持ちがどれほど影響していたのかがわかるだろう。

5.4.3　社会的影響の源泉

　社会的影響は個人の社会的欲求と状況の相互作用で生じる心理的な力である。アリエリーたちの研究は、実際の購買（自分が頼む注文）にそのような力が作用していることを示している。

　繰り返し述べているように、現代のマーケターやプロモーターは、自社の商品を消費者の考慮集合に入れてもらうように積極的に働きかけなければならない。つまり、彼らは、商品を購入するように消費者を説得し、承諾してもらう必要がある。

　そのような承諾の確率を上げるため、彼らは社会的影響の力を利用することを経験則として知っている。チャルディーニ[13]は、実証的な社会心理学の観点から、それら影響力の源泉を「返報性」、「コミットメントと一貫性」、「社会的証明」、「好意」、「権威」、「希少性」の6つに分類した。以下では消費場面に適用してそれぞれ検討する。

(1) 返報性

　他人から受けた行為に対して、自分も同様の行為を返すことを返報性という。たとえば、自分を助けてくれた友人が同じような苦境に陥ったとき、あなたはその友人を助けようとするだろう。返報性の力は、初対面の相手でも効果的である。たとえば、店頭での無料試供品の配布は、その商品を知ってもらうこと以外にも、この返報性を利用したいという販売者側の思惑がある。つまり、最初に試供品として無料の贈り物をすることで、お返しとして商品を購入してもらう試みである。

(2) コミットメントと一貫性

　一度表明した（コミットした）自分の意見や決定を変えることに抵抗を覚える人も多いだろう。特にその意見や決定を他者が知っている場合にはなおさらである。たとえば、最初に簡単なお願いを聞いてもらい、その後に似たような、しかし面倒なお願いをする。この場合、2度目の面倒なお願いをいきなり持ち出すよりも承諾率が高まる。なぜなら、1回目のお願いに対する自分の反応と、2回目のお願いに対する自分の反応に一貫性をもたせようとする心理的な力が働くからである。

(3) 社会的証明

　他人が思っていることや、やっていることに対し、私たちは敏感である。社会的証明とは、「みんなもこう思っている」や「みんなもやっている」という影響力である。たとえば、商品を売り込む際に「みんなもよいと思っています」という情報を提示する方法は、社会的証明を用いた方法の典型である。

(4) 好意

　自分の好きな人からのお願いであるか、嫌いな人からのお願いであるかによって、引き受けようとする気持ちは異なるだろう。ビジネスの世界でも、お世辞は好意を引き出す基本であり、それを交渉の潤滑油として用いる人も多い。

また、好感度の高いテレビタレントが広告に起用されるのは、このためである。説得する側は、好意の力を直感的に知っており、それをさまざまなやり方で引き出そうとする。

(5)　権威

何か事件や事故が起きると、専門家に意見を求めることがある。私たちは、当該領域の知識がない場合は特に、権威のある人の言うことを信じる傾向にある。たとえば、健康商品を推薦している人の肩書きに「○○大学医学部教授」などとあると、その健康商品の効能を信用する傾向が高まる。

(6)　希少性

珍しいものや残り少ないものは、より欲しくなる。つまり、手に入らないと感じるものほど、人は価値があると信じてしまう。こうした希少性の力は、さまざまな場面で使われている。たとえば、「期間限定」や「先着100人まで」などの広告文句は、こうした方法の典型である。

もちろん、実際の場面では、この6つの影響力のいくつかが組み合わさっていることも多い。しかし、いずれにせよ、これらの影響力がさまざまな消費場面で適用されていることに気づくであろう。

5.5　本章のまとめ：消費者行動論と社会心理学

最後に、消費者行動論における社会心理学の役割について、本章の各トピックを関連づける形でまとめる。さらに、今後の課題として残されているテーマについて指摘する。

まず、意思決定プロセスにおいて、本章では補償型や非補償型といったルールを検討した。その中でも、特に補償型ルールは態度概念に基づいている[14]。つまり、一番好意的な態度を形成したブランドを人は購入する、ということを

前提に意思決定方略が提案されているのである。

　また、商品属性の中でも価格に注目した。本章で議論したメンタル・アカウンティングの知見は、私たちは必ずしも経済合理性に基づく判断をしていないことを明らかにした。これにより、標準的経済学の人間観とは異なる行動経済学や神経経済学の研究潮流を生み出した。これらの経済学は、人間の心理行動傾向を重視するという点で心理学との関連がより強調される。

　さらに、効果階層の議論は、私たちが必ずしも事前に入念に検討して商品を購入するのではないことを明らかにした。また、社会的影響の議論は、たとえ事前に検討していたとしても、その場の他者の影響で購買行動が変わる可能性を示している。これらの知見は、その場の雰囲気で買ってしまう衝動購買や、他者との経験が重要となる経験消費と密接に関係する。

　最後に、比較的新しいテーマとして、オンライン上での消費について指摘する。ここ数十年、社会のオンライン化はますます進み、それにより消費にも変化が起きている。たとえば、実店舗にとらわれないオンラインショッピングによる買物行動はその典型であろう。さらに、SNSの普及は、広告やプロモーションだけでなく、個人の消費スタイルにも影響を及ぼしている。今後は、このような新たな消費環境を対象とした研究も増えてくるはずである。

第5章の引用・参考文献

[1]　青木幸弘(2010)．消費者行動の知識　日本経済新聞出版社

[2]　Solomon, M. R.(2013). *Consumer Behavior:Buying, Having, and Being*(10th ed.). London:Pearson Education.(松井剛(監訳)，大竹光寿・北村真琴・鈴木智子・西川英彦・朴宰佑・水越康介(訳)(2015)．消費者行動論　丸善出版)

[3]　Iyengar, S. S., & Lepper, M. R.(2000). When choice is demotivating:Can one desire too much of a good thing?. *Journal of Personality and Social Psychology, 79*(6), 995-1006.

[4]　Eliashberg, J. & Lilien, G. L.(Ed)(1993). *Marketing*(*Handbooks in Operations Research and Management Science*). Netherlands:Elsevier.(森村英典・岡太彬訓・木島正明・守口剛(監訳)(1997)．マーケティングハンドブック　朝倉書店)

［5］　Rao, A. R., & Monroe, K. B.(1989). The effect of price, brand name, and store name on buyers' perceptions of product quality:An integrative review. *Journal of Marketing Research, 26(3)*, 351-357.

［6］　Waber RL, Shiv B, Carmon Z, Ariely D(2008). Commercial features of placebo and therapeutic efficacy. *JAMA:The Journal of the American Medical Association* 299:1016-1017.

［7］　Hsee, C. K.(1998). Less is better:When low-value options are valued more highly than high-value options. *Journal of Behavioral Decision Making, 11(2)*, 107-121.

［8］　Tversky, A., & Kahneman, D.(1981). The framing of decisions and the psychology of choice. *Science, 211(4481)*, 453-458.

［9］　Deng, X., & Kahn, B. E.(2009). Is your product on the right side? The "location effect" on perceived product heaviness and package evaluation. *Journal of Marketing Research, 46(6)*, 725-738.

［10］　Lavidge, R. J., & Steiner, G. A.(1961). A Model for Predictive Measurements of Advertising Effectiveness. *Journal of Marketing, 25(6)*, 59-62.

［11］　Kristofferson, K. & White, K.(2015). Interpersonal influences in consumer psychology:When does implicit social influence arise? *The Cambridge Handbook of Consumer Psychology*. NY:Cambridge University Press.

［12］　Ariely, D. & Levav, J.(2000). Sequential choice in group settings:Taking the road less traveled and less enjoyed. *Journal of Consumer Research, 27*, 279-290.

［13］　Cialdini, R. B.(2008). *Influence:Science and practice(5th ed.)*. NJ:Prentice Hall. （社会行動研究会(訳)(2017). 影響力の武器［第三版］　誠信書房）

［14］　Fishbein, M.(1963). An investigation of the relationship between beliefs about an object and the attitude toward that object. *Human Relations, 16(3)*, 233-239.

第6章
対人関係のトラブルを考える

6.1　対人関係のトラブルとしての犯罪

　対人関係のトラブルに関し、心理学にて最も多く研究されているものが犯罪事象であり、その研究の担い手が犯罪心理学であるといえる。

　日本において20年ほど前までは、犯罪心理学は精神医学や臨床理学の影響が強い領域であった。そのため、犯罪心理学とは異常心理学であるとの位置づけにて、犯罪者を一般人とは異なる存在として扱う傾向が強かったのである。例えば、犯罪の原因は主に加害者側に帰属するとされ、例えば万引きは少年の心の問題とし、万引きを誘発する店内の環境については注意を払われることが滅多になかった。

　しかしながら、ほとんどの犯罪事象は精神医学の知見がなくても説明でき、むしろ一般的な行動に関する心理学の研究でも対応できることが明らかになってきたのである。犯罪事象は、加害者要因だけでは説明しえない。犯罪現場のデータを用いて分析することで、被害者要因、被害者や被害対象間の関係性、そのときの状況要因が、犯罪事象に関与するものと理解され始めたのである。

　たとえば、ほとんどの殺人事件は、顔見知りによる犯行である（法務省，2013）。これは、人間関係や恋愛関係のトラブル・軋轢といった問題が起こり、その問題を解決する手段として殺人という攻撃行動が選択された、と考えられる。一方、人を殺してみたかった、といった合理的な説明が難しい動機による殺人は滅多に出現していない。そのことは、犯罪行動は対人行動のひとつと捉えることができ、攻撃、個と集団、態度といった社会心理学の研究テーマとし

て扱えることを示唆している。「犯罪者は異常者である」といったステレオタイプが取り払われることで、犯罪行動がけっして不可解なものではないことが示されたのである。

この研究視点の変化には、社会心理学との親和性が高い「環境心理学」や「環境犯罪学」の研究知見が大きく関わっている。

「環境心理学」とは、人間行動などに対し、物理的環境の影響を中心に検討する学問分野である。日常生活のさまざまな環境条件下にて、人間行動をとらえようとする研究アプローチでもある。「環境犯罪学」は、その背景となる考え方は「環境心理学」に類するものの、犯罪事象に特化した学問分野であり、物理的環境要因や社会的状況要因から犯罪予防や防犯へアプローチをするものである。

6.1.1 環境犯罪学

この環境犯罪学について、少し説明してみたい。

1970年代から、アメリカやイギリスなどの建築家や都市工学者により、都市計画などの「環境設計による犯罪予防(crime prevention through environmental design：CPTED)」が試みられ、実際的な成果が積み上げられてきた。このCPTEDとは、「つくられた環境の適切な設計と効果的な利用は、犯罪に対する不安感と犯罪の発生の減少につながり、生活の質の改善につながり得るものである」と定義されている。その後、多くの建築家などが、環境設計に注目した考え方を提唱しているが、それらをまとめたのが犯罪学者のブラッティンガム夫妻である。Rossmo(2000)によれば、彼らは、物理的環境と人間の行動と関係性を検討し、「犯行地点選択モデル(犯罪パターン理論)」を提案している。

そのモデルの概要は、次のとおりである。

① 犯罪者にとって居住周辺の地域は魅力的な場所である。

② 犯罪者(人)は、自分の置かれた環境の中でランダムには行動しない。

③ 犯行行程は、仕事や買い物に出かけるのと類似しており、また、それら

と同様の制約を受けている。

④　ほとんどの犯罪者は、犯行場所を行き当たりばったりで選択はしていない。

⑤　被害者は偶然選ばれるかもしれない。

⑥　しかし、犯人が気づいているかどうかは別として、偶然の選択は空間的に構造化されている。

このモデルは、現実の犯罪行動を説明するうえで極めて有用であったことから、ブラッティンガム夫妻の元で博士号を取得した警察官キム・ロスモは、①犯人の標的探索行動は、居住地から離れるにつれて犯行に及ぶ確率が単調減少する、②しかし、居住地の近隣に犯行が行われない知己が存在する、③そこで犯罪発生の確率が最も高いのは、犯罪者の住居からある程度離れた地域である、とする「CGT（Criminal Geographic Targeting）モデル」を提唱し、それをアルゴリズム化した地理的プロファイリングソフト「Rigel」を制作している（Rossmo, 1997；Rossmo, 2000）。

6.1.2　日常活動理論と合理的選択理論

ブラッティンガム夫妻の「犯行地点選択モデル（犯罪パターン理論）」は、「ルーティン・アクティビティ理論（routine activity theory）」と「合理的選択理論（rational choice theory）」の考え方に基づくものと考えられる。

犯罪機会論の一部とされるルーティン・アクティビティ理論は、今まさに、そこで犯罪が生じようとしている状況に注目するものであり、社会学者M.フェルソンとL.コーヘンによって提唱された。この考え方は、「犯行可能者」と「格好の標的」と「監視可能者の不在」が、時間的、空間的に重なったときに犯罪が起こる、と主張するものである（Felson, 2002）。

犯罪者の意識空間と知覚された犯行対象が重なる場所で犯罪が発生するとする犯罪機会構造を、キム・ロスモは次のようなモデル、

　　　　犯罪＝（犯罪者＋対象－監視者）×（場所＋時間）

と表している。

　一方、合理的選択理論とは、行動の合理性を大前提とする経済学を中心に発達した理論である。行動の合理性とは、自己の利益を最大化するように行動すること、すなわち、犯罪行動から得られる利益がコストやリスクを上回る場合に、その犯罪行動を実行する、と考える。この理論に従えば、犯罪行動はたとえば購買行動と同様に研究できるものとなり、犯罪者のみを研究対象者とせずともよいこととなろう。

　以上の考え方や要因をもとに、犯罪事象のデータベースを構築し分析することが、現在の犯罪心理学において重要な、現実社会、すなわち犯罪捜査における実践となっている。そこでは、犯罪者や被害者の属性、職業、行動特性、両者の関係性、目撃者や監視者の証言内容、事件発生や事後の出来事の時間や場所などが重要な変数となる。

6.1.3　犯罪者プロファイリング

　実は、犯罪者プロファイリングの研究は、社会心理学との関わりが深い。

　1970年代後半に、アメリカ連邦捜査局（Federal Bureau of Investigation：FBI）が犯罪者プロファイリングを開発した当初は、精神医学に準拠した犯人のパーソナリティ推定が主な目的であった。この手法は、猟奇的で連続性のある性的犯罪においては効果を示したが、それ以外の犯罪においては効果が乏しかった。

　1985年、イギリスの社会心理学者D.カンターが、ロンドン警視庁から連続強姦事件の分析を依頼された際、統計分析による犯罪者プロファイリングを開発した。彼は、警察が同一犯の犯行と考えた事件約30件から、犯人の行動に関する約100項目を抽出し、コンピュータにより非計量的多次元尺度法にて犯行の構造を見出したのである（Canter & Larkin, 1993）。この分析により、同一犯の犯行か否か、どの犯行が同一犯によるものか、犯行はエスカレートするかなどについて言及できるようになり、事件解決に大きく寄与した。

　以後、カンターらは、連続犯罪の捜査において心理学者が警察の捜査活動にいかに手助けできるのかを検討し（Canter, 1989）、犯行中の行動の構造を理解

するため多変量解析の一種である最小空間分析(Smallest Space Analysis:
SSA)といった統計手法にて行う犯罪情報分析を提案した(横田,2000)。

　例えば、強姦事件251件(45人)の記録を解析し、強姦事件の中心的な行動
群とは区別される犯行テーマを抽出することで、それぞれの犯人像を示した
(Canter & Heritage, 1990)。前述のFBIの手法が類型論的なものであったの
に対し、カンターらの手法は特性論的な考えが背景にあり、大量データの探索
的分析から犯行テーマといった犯罪行動の現象を描くものであった(横田,
2000)。

　玉木(2017)は、この統計的な犯罪者プロファイリングについて、犯罪行動か
ら犯人の特徴を推定することは「検挙済み犯罪者データから統計的手法を用い
て帰納的に構築し、それを分析事件データに演繹的に適用する」ものと定義し
ている。これは、カンターが提唱した犯罪者プロファイリングのフレームワー
ク「A → C 方程式((Action → Characteristics equation)」(Canter, 2011)を踏
襲し、具体的な統計手法を想定した定義といえる。ただし、現時点においては、
未だこの定義に見合うまでには、統計的な犯罪者プロファイリングの精度は高
まっていないと考えられる。

6.1.4 統計手法に基づく犯罪情報分析

　現在、多用されている統計手法として、まず「事件リンク分析」においては
多次元尺度法(Multidimensional Scaling:MDS)などが、「犯人像推定」にお
いてはMDS、決定木(Decision Tree)などがある(松田・荘島,2015)。これら
は、検挙された過去の犯罪者データからアプローチする際に用いる統計手法と、
現在発生している分析対象の事件データからアプローチする際に用いる統計手
法の2つに大別される。

(1) 過去の犯罪者データからアプローチする際の統計手法
　過去の犯罪者データからのアプローチは、類似ないし関連する個々の事件や
変数のまとまりから犯行テーマを見出し、各犯行テーマの特徴を明らかにし、

分析対象の事件が当てはまる犯行テーマから犯人の特徴を推定するものである。

このアプローチにて使用される MDS は、個体間の親近性データを類似したものを近く、類似していないものを遠くに、2次元や3次元の空間に布置し、そのマッピングからデータの構造を考察するための手法である。MDS は、計量多次元尺度法（距離データを低次元に配置する方法）と非計量多次元尺度法（順序尺度のデータの類似度あるいは距離に変換可能な親近性データを低次元に配置する方法）に大別されるが、データとしての性質から後者のほうが解釈が簡単な結果が得やすい（松田・荘島，2016）。

また、この MDS などの考え方からさまざまなデータ解析が生まれているが、その中で犯罪者プロファイリングの研究にて使用されている「数量化Ⅲ類（quantification method of the third type）」、「対応（コレスポンデンス）分析（Correspondence Analysis）」、「等質性分析（homogeneity analysis）」などは、ほぼ同じ内容といえる探索的データ解析の統計手法であるといえる。玉木（2017）は、非計量 MDS と数量化Ⅲ類との分析結果を比較し、大きな違いがないことを示唆している。

なおこれら手法は、基本的に記述的（descriptive）であって、十分に帰納的（inductive）とはいえないと考える。布置されたカテゴリーやサンプル間の距離は、必ずしも両者の結びつきを表しておらず、捜査方針に関わる意思決定の際に提供する仮説発見のための視覚的情報とされる。

(2)　現在発生している事件データからアプローチする際の統計手法

次に現在発生している分析対象の事件データからのアプローチは、学習データに正解を与えた状態で学習させる「教師あり学習」に分類される学習予測プロセスに準ずる。すなわち、分析対象の事件における犯罪行動から犯罪者の特徴を予測するモデルを構築し、分析対象事件のデータをそのモデルに当てはめて犯人の特徴を推定するものである。

(3) 統計手法を用いた犯罪情報分析の活用

警察庁は、この犯罪情報分析業務について、「犯行現場の状況、犯行の手段、被害者等に関する情報や資料を、統計データや心理学的手法等を用い、また情報分析支援システム等を活用して分析・評価することにより、犯行の連続性の推定、犯人の年齢層、生活様式、職業、前歴、居住地等の推定や次回の犯行の予測を行うものである」(警察庁, 2016)と説明している。

図 6.1 に、筆者が担当する「捜査心理学」の講義にて、受講生が新聞記事などから収集した日本国内の殺人事件 87 事例のデータを用いて対応分析を行った結果を示す。被害状況から得られた情報を説明変数(犯行場所、被害者の属性など)とし、捜査資料となる情報(目的変数：加害者属性、面識の有無など)を推定することを目的とした演習である。布置された各変数の座標値(次元 1、時限 2)にて、階層型クラスター分析を行い、収まりのよい 3 つのクラスターに分け、布地図を円で囲んでいる。これら演習による分析から、被害者の年代と面識の有無との関連が、ある程度予測されることがうかがわれている。

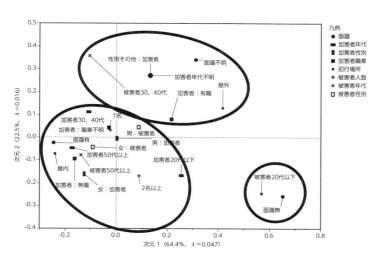

図 6.1　多次元尺度法による分析例

6.2　対人行動のトラブルにおける犯罪

　社会心理学から対人関係のトラブルを検討するうえで、暴力犯罪やストーカー犯罪のような対人犯罪の研究知見が重要と考えられ、それら対人犯罪においては、相手に対する攻撃行動が主な分析対象となる。そのため、社会心理学における攻撃性の研究知見は、極めて重要であろう。

　まず、犯罪事象において攻撃性が最も出現する暴力犯罪であるが、この犯罪は、計画的で制御されているタイプと衝動的で制御されていないタイプに分けることができる。そして、衝動的な暴力は、ストレスなどを抑制する力が脆弱であるため暴力的になるタイプと、過度な抑制により蓄積した怒りなどが爆発的に表れ暴力的になるタイプがあると考えられている。

　大渕(2016)は、暴力犯罪の動機とパーソナリティ要因について、受刑者などを調査した研究を報告している。動機について4タイプ(回避・防衛、影響・強制、制裁・報復、同一性・自己顕示)に分け、それぞれに関連したパーソナリティ尺度を作成した。その尺度は、「機能的攻撃性尺度」と命名され、14の下位尺度により構成されている(表6.1を参照)。そして、刑務所に収容されている成人男性受刑者を、暴力犯罪者(42名)と非暴力犯罪者(37名)に分けて機能的攻撃性尺度にて回答させたところ、「権威主義」以外の13の下位尺度にて、

表6.1　暴力動機と関連するパーソナリティ

暴力犯罪の動機	パーソナリティ尺度(機能的攻撃性尺度)
回避・防衛	猜疑心、非差別感
影響・強制	競争心、自己主張、支配性、低言語スキル、低対処スキル
制裁・報復	信念の偏り、報復心、自己顕示性
同一性、自己呈示	男らしさ、対向同一性、自己呈示性、プライド

出典)　大渕(2006)より筆者作成。

暴力犯罪者が非暴力犯罪者よりも高得点であったことを報告している。

6.2.1 高齢者の対人トラブル：暴力犯罪の概要

まず近年、大きな社会問題とされている高齢者の暴力犯罪について概観してみたい（桐生，2018）。

法務省（2007）による高齢者の暴力犯罪の動機、原因についての調査結果は以下のとおりである。この調査の分析対象データは、東京地方検察庁（本庁のみ）および東京区検察庁において、2007年1月1日から同年12月31日までに受理された受理時65歳以上の者で、第一審において有罪の判決または略式命令がなされ、資料の収集が可能であった傷害・暴行を犯した者（35人）、および東京地方検察庁（本庁のみ）及び東京区検察庁において、2005年1月1日から2006年12月31日までに受理された受理時65歳以上の者で、第一審において有罪の判決または略式命令がなされ、資料の収集が可能であった112人を加えたものである。

また、高齢者と比較対照を行うために東京地方検察庁（本庁のみ）および東京区検察庁に、傷害・暴行にて受理された受理時65歳未満の者で、第一審において有罪の判決または略式命令がなされ、資料の収集が可能であった者100人ずつのデータを用いている。

分析の結果、傷害・暴行では「激情・憤怒」94人（63.9％）によるものが多く、「飲酒による酩酊」21人（14.3％）や「報復・怨恨」10人（6.8％）が続くことが報告されている。一方、非高齢者においては、「激情・憤怒」69人（69.0％）が多いものの、以下は「飲酒による酩酊」6人（6％）、「行き違い」6人（6％）、遊び感覚でけんかに及んだなどの「遊び感覚」4人（4％）、暴力によって自らの威勢を誇示するなど「自己顕示」4人（4％）と多様な動機であった。高齢者も非高齢者も傷害・暴行の犯行動機として最も多いのは「激情・憤怒」であるが、非高齢者と異なり、高齢者においては「報復・怨恨」が多いことがうかがわれる。長澤（2016）は、粗暴的犯行には怨恨・憤怒型と代償型があると指摘し、高齢者による犯行は怨恨・憤怒型が多いと指摘しているが、法務省の報告からも、

高齢者による暴力犯罪の発現は、攻撃性や抑止に関わるセルフコントロールの程度に起因することが予測される。

6.2.2 高齢者における攻撃性

先の大渕の研究をこれら動機に照らし合わせてみると、実際の動機に「激情・憤怒」が多いことから、勝ち負けにこだわる「競争心」、不満なときはがまんしない「自己主張」、人に指示することが多い「支配性」、もめごとを穏やかに解決するのが難しい「低対処スキル」、といったパーソナリティが、暴力犯罪の加害者となった高齢者に当てはまる。

そして、非高齢者とは異なる実際の動機「報復・怨恨」を検討すると、自分が正しいと思い込む「信念の偏り」、やられたらやりかえさないと気が済まない「報復心」といったパーソナリティが、高齢者の暴力犯罪者に多いのではないかと推測されよう。

6.2.3 恋愛関係におけるトラブル：ストーカー

次に、恋愛関係における対人トラブルについて概観する（桐生，2017）。

社会心理学における恋愛の研究では、恋愛関係の崩壊までのプロセス、崩壊後に出現する行動変容などについての研究がなされている。たとえば、恋愛関係における不満、葛藤の対処方法について、建設的な対処行動が適応状態に及ぼす影響力よりも、破壊的な対処行動が不適応状態に及ぼす影響力のほうが強いことが示されている（Rusbult et al, 1986）。それら知見を踏まえ、ストーカー（stalker）を社会心理学の研究テーマとすることは、恋愛関係におけるトラブルを明らかにするうえで有効である。

「忍び寄ること」といった語源をもつ「ストーキング（stalking）」や、その行為者である「ストーカー」の研究は、1980年代後半から精神医学や臨床心理学において重要な研究テーマとなっている（桐生，2017）。例えば、ストーキングでの暴力的行為の出現率を、被害者との以前の関係性にて分析した研究（Harmon et al, 1998）では、親密な関係であった場合は65%が、単に知人であ

った場合は 37% が、まったくの他人だった場合は 27% が、それぞれ暴力行為を行っていた。加えて、人格障害と薬物中毒とが併発している場合に暴力行為が多いことも示された。

　一方、社会心理学的アプローチによる研究としては、例えば、金政ら（2018）は、親密な関係破綻の後のストーカー的行為の加害リスク要因について、過去の交際時の関係性、関係破綻後の思考や感情を測定するための尺度を作成している。そして、それら尺度の予測力の検証や、愛着不安や自己愛傾向などの要因によるストーカー的行為の仮説モデルの検討を行ったところ、パーソナリティ特性や交際時の関係性がストーカー的行為と直接的に関連していたのは女性のみであったこと、男性におけるストーカー的行為に対する介入においては、別れ方や別れた後の経験に注視する必要性があることなどが示唆された。また、相手から見捨てられることに対する過度の不安、交際時に相手やその関係を唯一無二だと感じる傾向が、関係が破綻した後でも、相手は自分を受け入れるべきという執着心を掻き立てることで、ストーカー的行為を増大させる経路が男女共通で認められた。

6.2.4　恋愛関係におけるトラブル：実際のストーカー事例

　実際のストーカー事例を分析したものとしては、島田と伊原（2014）の研究がある。彼らは、ある県の警察本部で 2012 年 8 月から 10 月の間に受理したストーカー事案に関する相談記録 248 件を、計量テキスト分析という手法で分析している。まず、それぞれの出来事（イベント）を 7 つのステージに分類した。それらは、①出会い、②トラブル発生からメール、手紙、電話など危険性が伴わない接触、③つきまとい・待ち伏せ・押しかけや脅迫など身辺への危機、④警察への相談・通報、⑤相手方への指導警告、⑥検挙、⑦釈放、に分類され、ステージ②のみを「慢性型」、ステージ②から③に発展したものを「エスカレート型」、ステージ③のみを「急迫型」と命名した。

　その手続きを経て分析したところ、交際ありの場合のほうが交際なしの場合よりも、「メールや電話による接触」、「粗野な言動」、「脅迫内容の言動・メー

ル」の発現率が高かった。また、交際なしでは「慢性型」に、交際ありでは「急迫型」に、それぞれなりやすいことが明らかとなった。加えて、「急迫型」のうち、交際があった者の3割が、警察による指導警告を受けた後もつきまといなどを行っており、この特質としてセルフコントロールの乏しさが示唆されたのである。

なお、2000年に「ストーカー行為等の規制等に関する法律（ストーカー規制法）」が制定される以前までは、執拗につきまといを繰り返すことが、恋愛行動の一つとして男性中心の社会において許容されていた。このストーカー規制法は、つきまといなどを繰り返す行為者に警告を与えたり、その行為が悪質な場合は逮捕することができる法律となっている。

6.2.5 消費者におけるトラブル：カスタマーハラスメントとは

犯罪にもなりうる迷惑行為として、カスタマーハラスメントも対人行動におけるトラブルといえる。

消費者による苦情内容や行動変容が指摘されてから20年ほどが経ち、近年は、過度な要求や攻撃的な行動を伴う苦情行動をカスタマーハラスメントと命名し、大きな社会問題として取り上げられている。例えば、厚生労働省は、カスタマーハラスメントを「顧客等からの暴行、脅迫、ひどい暴言、不当な要求等の著しい迷惑行為」と説明し、「カスタマーハラスメント対策企業マニュアル」を作成している。

また、桐生（2020）は、消費者や顧客と接客対応者との関係性からカスタマーハラスメントを定義している。すなわち、「商品やサービス、性能、補償などに関し、顧客・消費者が不満足を表明したもののうち、その顧客・消費者が必要以上に攻撃的であったり、感情的な言動をとったりしたもの、または悪意が感じられる過度な金品の要求があった事案において、その行為者（カスタマー）を悪質クレーマーとし、その悪質クレーム行為を受ける接客対応者がハラスメントと感じて心身にダメージが生じるもの」としている。

6.2.6 消費者におけるトラブル：カスタマーハラスメント事例

Covid-19 の影響により、カスタマーハラスメントの内容も変化している。桐生・高田・染矢(2021)が、労働組合 UA ゼンセンの調査結果を分析したところ、次のようなカスタマーハラスメントの事例があった。

- コロナの影響でビニールシートやマスクをしているため、お互いに声が聞き取りづらく、何度か同じやり取りをしたら、突然、大きな声を出して暴言を吐かれた。
- マスクをして笑顔で対応していたが、笑われていると勘違いしたのか、「生意気な女だからレジから出てこい」と言われ、おでこにデコピンをしようとしたので、よけたら名前を教えろなど怒鳴られた。
- マスク着用をお願いしたら、表に出ろと外に連れて行かれた。「厚生労働省が暑い時は外せと言っている、熱中症になったら責任を取ると一筆書け」、「マスクしている間うちわで仰ぎ続けろ」など、30 分ほど怒鳴られ続けた。

6.2.7 消費者におけるトラブル：カスタマーハラスメント被害

桐生・島田(2021)は、労働組合 UA ゼンセン(以下、ゼンセン)による 2017 年 6 月 1 から 7 月 14 日の間に実施した所属組合員に対するカスタマーハラスメント実態調査のデータを再分析し、被害状況を明らかにしている。

被害経験があった回答者は 39,134 名(75.1%)、なかったのは 12,959 名(24.9%)であった。回答者のデータを複数のカテゴリカルな変数にして、多次元尺度法による分析を行った(**図 6.2**)。各変数の布置から、次元 1(横軸)を、カスタマーハラスメント経験者の性別(女性―男性)と解釈し、次元 2(縦軸)を、取扱商品の傾向(消耗品的－嗜好品的)と解釈した。また、各変数の座標値を用いて、階層的クラスター分析を行ったところ、6 つのグループに大別できることが示唆された。たとえば、男性に対する「暴力」や「土下座強要」など悪質性の高い粗暴犯的なクレームが多いグループや、女性が「セクハラ」などの性的犯罪

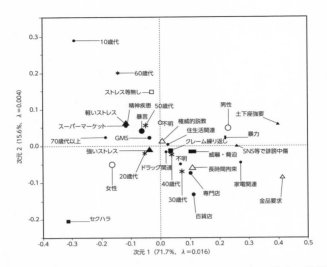

図 6.2 多次元尺度法によるカスタマーハラスメント被害の分析

の被害を受けるグループ、また、他のグループと比べストレスを強く感じてい
るグループなどである。カスタマーハラスメントの内容が、業種業態や性別に
よって異なること示唆されたものといえよう。

6.2.8 消費者におけるトラブル：カスタマーハラスメント加害

カスタマーハラスメント加害に関する社会心理学の研究としては、池内
(2010)による、一般消費者による苦情行動の研究がある。その中で、苦情経験
のある群は、ない群と比べて商品の不具合や接客対応の悪さなどの状況で苦情
を生じやすく、物品や謝罪、金銭などの請求を正当化しやすいことを指摘して
いる。また、性格特性と苦情に対する態度との関係を見たところ、①自尊感情
(self-esteem：自尊心)が高い人ほど、また②自分の情動を自分で調整できると
思っている人ほど、それぞれ苦情に対して肯定的な態度をもつ傾向があること
を明らかにしている。

桐生(2020)は、悪質なクレーム行為を実施した経験者に対して、質問紙調査

を行っている。回答者は、庁舎対象者 2,060 名（女性 1,096 名、男性 964 名）の
うち、悪質なクレーム行動を実施したことがあると回答した 924 名（44.9%、平
均年齢 46.4 歳；女性 445 名、男性 479 名）であった（**表 6.2**）。

　まず、悪質なクレームの話し方（複数回答）については、「淡々と静かに話し
た」（629 名）、「理詰めに話を進めた」（309 名）、「一方的に話をしていた」（69 名）、
「攻撃的な話し方や言葉があった」（71 名）、「威圧的に話をしていた」（45 名）な
どがあった。男性は、女性と比べ「大声を上げる」、「攻撃的な話し方」を、そ
れぞれより多く選択していた。

　その際に店側がとった対応について（複数選択）は、「購入しようとしていた
商品を提供した」（167 名）、「不手際などに関する謝罪を行った」（434 名）、「景
品や購入希望以外の他の商品を提供した」（62 名）、「お店の上層部による謝罪
を行った」（67 名）などがあった。また、悪質クレーム行動をとる性格要因を分
析すると、「自尊感情」が悪質クレーム経験のない人よりも高いことがうかが
われた。そして、男性のほうが女性よりも、自尊感情が高い傾向も見られた。
店舗のトップや企業の重役などに謝罪を求めるカスタマーハラスメントの加害
行為者は、目の前の従業員を軽視しており、自身を高く評価する自分に見合っ
た人の対応を求める心理過程が、この研究でも示唆されている。

　日本におけるカスタマーハラスメントの出現には、消費者の購買行動の文化
的背景や企業風土の特質に準拠する要因が大きいとも推測される。いわゆる
「お客様は神様」といった企業サービスと、それを当たり前とする消費者との
対人関係のバランスが、近年、保たれなくなったと考えられる。今後、新たな
消費者・顧客とお店・企業との新たな対人関係の構築が望まれよう。

表 6.2　クレーム行為についての調査結果

	大声	淡々と	理詰め	一方的	罵詈雑言	攻撃的	威圧的	その他
男性	19	341	95	32	2	20	20	29
女性	44	288	214	37	9	51	25	18

6.3　対人関係における問題の解消

　本節では、これまで紹介されたさまざまな対人関係上の葛藤や問題について、抑止や対応のヒントとなりうる理論モデルとして問題解決の対処方略であるコーピングについて概観する。

6.3.1　対人関係における葛藤、ストレスとその反応

　「あの人は苦手で、話すのがストレスだ」など、私たちは対人関係でよく「ストレス」という言葉を使う。もともと物理学の言葉であった「ストレス」（何かに力を加えることで生じるゆがみ）は 1936 年、セリエによる「ストレス学説」によって、「外部からの刺激や要因」は「ストレッサー」、「精神的・肉体的に負担となる、さまざまな環境刺激によって引き起こされる生体機能の変化」は「ストレス反応」と呼ばれるようになった[1]。その後特に心理的なストレスに特化した認知的ストレス理論[2] により、ストレッサーは、認知的評価とコーピングという 2 つの段階を媒介して、心理的、身体的、行動的なストレス反応へつながっていくことが示された。また Lazarus らは、人間と環境の相互作用に着目した。われわれはストレッサーに対する認知的な評価を行い、その対処法を検討する。このような環境に変化を与えながらストレスに対処する過程をコーピングという。

　一方、Hurrell & McLaney（1988）による NIOSH（米国国立労働安全衛生研究所）職業性ストレスモデルでは、労働者の精神健康を決定づける大きな要因を、職場の量的負担、感情的負担、裁量権のなさなど、いわゆる「職場のストレッサー」と規定しており[3]、対人関係はその中でも、重要な一要因といえよう。厚生労働省による労働安全衛生調査（2020）[4] では、「仕事や職業生活に関することで強い不安、悩み、ストレスを感じている労働者」の割合は、2020 年時点で過半数を超えており（54.2％）、その内訳として、対人関係（セクハラ、パワハラを含む）が 27.0％、顧客、取引先からのクレーム（いわゆるカスタマーハ

ラスメント）が 18.9% となっている。対人関係の葛藤を含む職場ストレッサーが、個人要因やコーピング、職場外要因などに緩衝されながら、心理・身体・行動的ストレス反応に影響していくという包括的モデルであるが、これらのストレッサーが、だんだん大きくかつ複数積み重なることで、抑うつ気分や活気の低下などの心理的ストレス反応、動悸や不眠、胃腸障害などのさまざまな身体疾患を含む身体的ストレス反応、物質依存、食や運動習慣の悪化などの行動的ストレス反応を引き起こし、程度がひどく長引く場合には、自殺を含む精神疾患などの疾病につながる可能性がある、というメカニズムである。ストレッサーと身体疾患の間を媒介するのは、自律神経系や生体機能調節系であり、過度なストレッサーによってこれらの機能が乱れ、動悸、高血圧などの症状を引き起こすと考えられている。とはいえ現代の日常生活、職業生活、学校生活は、適度な刺激でモチベーションを維持したり、ライバルと切磋琢磨するなど、ある程度交感神経系が賦活した状態も必要である。となると、「ストレスは人生のスパイスだ」という言葉もあるように、適度なストレッサーとうまく付き合う術が重要となってくるのである。

6.3.2 対人関係における葛藤、ストレスとその対処

先の Lazarus らの理論[2] によると、ストレッサーに対峙したとき私たちは、これまでの自分の経験値、価値観、能力などを元に、そのストレッサーを 2 つのステップで評価する。まず、その出来事が自分にとってどのくらい有害で脅威をもたらすか、出来事の個人的な意味合いを判断する（一次評価）。それにより、不安、イライラ、怒りなどネガティブな感情が喚起される。次にその出来事に対するストレス軽減に向けて自分がそれらをどう対処できるか、どんな選択肢があるかの判断を行う（二次評価）。解決するのが難しそうだと感じる場合、その心理的負担がストレス反応につながりうると同時に、心理的な負担を軽減するための行動をとろうとする。これがストレスコーピング（ストレス対処行動）である。その後自分がとったコーピングを再評価し、失敗であったと感じた場合、再選択を行う、という流れを繰り返すのである。

　コーピングにはさまざまな種類が知られており、分類方法や基準も多く開発
されている。特に焦点に基づいて2つに分ける Folkman & Lazarus（1980）ら
の分類（直面する問題の解決に焦点を当てる問題焦点型コーピングと、問題に
より生起する情動の調整に焦点を当てる情動焦点型コーピング）が知られてい
るが[5]、ここでは影山ら（2004）による、6種類のコーピング方略を紹介する（**表
6.3**）。コーピング特性簡易評価尺度（Brief Scales for Coping Profile：BSCP）
として、18項目で自分の取りがちなコーピング方略を測定することが可能で
ある（括弧内は項目例）[6]。

　たとえば、非常に威圧的な上司と、陰湿な性格の同僚がいて、それらの関係
性に悩んでいる A さんがいるとしよう。部署全体もギスギスして、居心地も

表6.3　コーピング方略

① 積極的問題解決型 （原因を調べ解決しようとする）	自分や他人の力を得て、起こっている問題に対する対策を考えるような対処行動である。自分ではどうにもならない問題である場合、積極的な回避行動もこれに該当する。
② 解決のための相談型 （信頼できる人に解決策を相談する）	職場の上司や同僚、家族や友達に相談したり、アドバイスを求めたりする対処行動で、社会的支援要請型コーピングともいえる。
③ 発想の転換型 （これも自分にはよい経験だと思うようにする）	見方や発想を変えて、前向きに考えたり、距離を置くなど、認知を再検討し新しい適応方法を探索する対処行動である。ポジティブシンキングなどとも呼ばれる。
④ 気分転換型 （何か気持ちが落ち着くことをする）	趣味や運動、旅行、ヨガ、瞑想など、自分にとってストレス解消になりうる気分転換や気晴らしの対処行動である。
⑤ 他者を巻き込んだ情動発散型 （問題に関係する人を責める）	現時点では解決や対応法がない場合に、怒りやイライラ、悲しみなどのネガティブな感情を発散・表出し気持ちを整理する情動発散型対処行動である。
⑥ 逃避・抑制型 （問題を先送りする）	現時点では積極的解決や対応が難しい場合に、そのネガティブな感情を抑制したり、逃避することでやり過ごす対処行動である。

非常に悪い状態が続いている。気の優しいAさんは「こじれた人間関係はしょうがない」と考え、居心地が悪い状態を、長期間がまんして受け入れている。そのため日々気分が晴れず、食欲不振・不眠が続いている。現在のところ、⑥逃避・抑制型のコーピングをとっているAさんであるが、時間が経っても状況が改善しないと判断した場合、気分転換など情動に働きかけるコーピングを行いつつ、協力が得られそうな社会資源を組み合わせながら、問題解決に向けたコーピングを行っていくことが望まれる。多くの研究で、積極的なコーピングを中心に、他者からの援助を求めるなど、その他の方略を組み合わせて対処することが、ストレス反応の低減に効果的であることが示されている[7]、[8]。特に社会資源となり得る周りの人たちへのサポート希求は重要で、貴重なアドバイスや思いがけない助けが得られることが多い。

6.3.3 対人関係と成長のためのプロアクティブ・コーピング

これまで見てきたコーピングは、ストレス反応に対する解決や軽減を目的とする対処行動であり、「自分にとってネガティブな問題にどう対処するか」という、問題や課題ありきの対処法であった。しかし人間のポジティブな側面や機能に着目するポジティブ心理学[9]の隆盛によって、これから起こり得る可能性のあることについて、それをネガティブなストレッサーとしてではなく、挑戦的かつ自分を成長させてくれるものとして前向きにとらえ、能動的に資源を構築するような前向きなコーピングである、プロアクティブ・コーピングが注目されている[10]。たとえば、新しくリーダーとなった人が、部署の対人関係に悩みながらも、それを「自分を成長させてくれるチャンス」とみなし、有用なスキルを勉強したり、自分の行動を事前に計画したりするようなコーピングである。この考え方は、対人関係上の葛藤などのストレッサーを、「挑戦に値する自己成長的な機会」と捉え、そのコーピングはリスクへのマネジメントではなく、ゴールマネジメントとして捉えられる。この前向きなコーピングに目を向けるようになると、ストレスはポジティブな意味合いをもつものとなり、自分の成長へとつながる機会が増え、生活が有意義かつウェルビーイングなも

のになる。プロアクティブ・コーピングは、**表6.4**のように以下の6つの下位尺度をもつ Proactive Coping Inventory（PCI）で測定することができ[11]、建設的な行動活性や職務満足感、心理的ウェルビーイングなどとの正の関連が見られている[12]。

　コーピングは、環境と個人が出会う中で体験されるさまざまな刺激に対して行われる。対人関係はその最たるものであり、それらによる離齬や葛藤への対処はこれまで多くのアプローチが検討され、その具体的な対処法が示されてきた。本節で紹介したプロアクティブ・コーピングは、既存の対人関係への諸問題に対峙するのではなく、これから起こり得る対人関係上の課題に対する新しく前向きで能動的なアプローチである。改めて自分が取りがちな相手との関係性、距離感、対応の仕方を振り返り、潜在的なストレッサーへの予防的な対処努力、シミュレーションを行い、問題を枝分けして行動計画を見直したり、ソフト＆ハード面での周りからのアプローチを検討したりすることで、計画的で余裕をもった人間関係の構築につながる可能性がある。私たちはある程度決ま

表6.4　プロアクティブ・コーピング尺度における下位尺度の定義[12]

Proactive Coping	自主的な目標設定に基づき、その実現のための行動と認知を結びつける対処努力
Preventive Coping	潜在的なストレッサーに対する予期とその潜在的なストレッサーが顕在化するまでに予防的に準備する対処努力
Reflective Coping	イメージを比較することによって、行動の代案に関するシミュレーションをする対処努力
Strategic Planning	大きな課題を対処しやすい形へ分割していく、目標志向的な行動計画の見通し
Instrumental Support Seeking	ストレッサーに対処する際に、他者からのアドバイス、情報やフィードバックを獲得しようとする援助希求に関する対処努力
Emotional Support Seeking	一時的で情緒的な不快さを、感情の他者開示や共感性の希求などで制御する援助希求に関する対処努力

った考え方や行動様式、対人関係のやり取りを行うのだから、従来の対処努力に加えて、上記のようなプロアクティブ・コーピング力を意識して行っていくことは、職場、学校、家庭生活でのよりよい対人関係の構築、ひいては自分自身の、周りの、そして社会全体のウェルビーイングにつながっていくことであろう。

第 6 章の引用・参考文献

[1]　法務省(2013)．第 2 章殺人事件の動向　法務総合研究所研究部報告　50, 6-38.

[2]　Rossmo, D. K.(2000). *Geographic Profiling*. CRC Press.（渡辺昭一（監訳）(2002).　地理的プロファイリング－凶悪犯罪者に迫る行動科学　北大路書房）

[3]　Rossmo, D. K.(1997). Geographic profiling. In Jackson, J. L. & Bekerian, D. A.(Eds) Offender Profiling:Theory, *Research and Practice*. Wiley & Sones. 61-76.（田村雅幸（監訳）(2000).　犯罪者プロファイリング：犯罪行動が明かす犯人像の断片　北大路書房）

[4]　Felson, M.(2002). *Crime and Everyday Life*, 3rd ed. Pine Forge.（守山正（監）(2005).　日常生活の犯罪学　日本評論社）

[5]　Canter, D. & Larkin, P.(1993). The environmental range of serial rapists. *Journal of environmental psychology*, *13*, 63-69.

[6]　Canter, D.(1989). Offender profiles. *Psychologist*, *2*(*1*), 12-16.

[7]　横田賀英子(2000)．英国リヴァプール大学における捜査心理学とその応用　警察学論集 53(10)　148-162.

[8]　Canter, D. & Heritage, R.(1990). A multivariate model of sexual offence behavior:Developments in "Offender Profiling", *Journal of forensic psychiatry*, *1*, 185-212.

[9]　玉木悠太(2017)．統計的プロファイリング　越智啓太・桐生正幸（編）(2017).　テキスト司法・犯罪心理学　北大路書房　pp.297-313.

[10]　松田いずみ・荘島宏二郎(2015)．犯罪心理学のための統計学－犯人のココロをさぐる　誠信書房

[11]　警察庁(2016)．第 2 章生活安全の確保と犯罪捜査活動　平成 25 年警察白書　https://www.npa.go.jp/hakusyo/h25/honbun/html/p2220000.html（2023.12.27 閲覧）

[12]　大渕憲一(監)(2016)．紛争・暴力・公正の心理学　北大路書房

[13]　桐生正幸(2018)．高齢者の暴力犯罪　越智啓太（編）(2018)．高齢者の犯罪心

理学　誠信書房　pp.12-29

[14] 法務省(2007)．平成20年版犯罪白書のあらまし　平成20年版犯罪白書
http://www.moj.go.jp/housouken/houso_2008_index.html　（2023.12.27 閲覧）

[15] 桐生正幸(2017)．ストーキング　越智啓太・桐生正幸(編)(2017)．テキスト
司法・犯罪心理学　北大路書房　pp.162-179

[16] Rusbult, C. E., Johnson, D. J., & Morrow, G. D.(1986). Determinants and
consequences of exit, voice, loyalty, and neglect: Responses to dissatisfaction
in adult romantic involvements. *Human Relations*, *39*(*1*), 45-63.
https://doi.org/10.1177/001872678603900103

[17] Harmon R. B, Rosner R, & Owens H.,(1998). Sex and violence in a forensic
population of obsessional harassers. *Psychol Publ Policy Law*, *4*, 236-249.

[18] 金政祐司・荒井崇史・島田貴仁・石田仁・山本功(2018)．親密な関係破綻後
のストーカー的行為のリスク要因に関する尺度作成とその予測力　心理学研
究，89(2)，160-170.

[19] 島田貴仁・伊原直子(2014)．コーディングツールを用いたストーキングの時
間的推移の検討　犯罪心理学研究，52(特別号)，154-155.

[20] 桐生正幸(2020)．日本における悪質クレームの分析　東洋大学社会学部紀要，
58(2)，111-117.
http://id.nii.ac.jp/1060/00012322/

[21] 桐生正幸・島田恭子・染矢瑞枝(2021)．接客対応者へのカスタマーハラスメ
ントにおける COVID-19 パンデミックの心理的影響　日本応用心理学会第87
回大会発表論文集，p.67.

[22] 桐生正幸・島田恭子(2021)．接客対応者におけるカスタマーハラスメント被
害経験の分析　現代社会研究　19，47-53.

[23] 池内裕美(2010)．苦情行動の心理的メカニズム　社会心理学研究，25(3)，
188-198.

[24] Selye H. A.(1936). Syndrome produced by Diverse Nocuous Agents. *Nature*,
138, 32.

[25] Lazarus R. S. & Folkman S.(1984). *Stress, appraisal, and coping*. New York:
Springer.

[26] Hurrell, J. J., & McLaney, M. A.(1988). Exposure to job stress:A new
psychometric instrument. *Scandinavian Journal of Work, Environment &
Health*, *14*(*Suppl 1*), 27-28.

[27] 厚生労働省．令和2年労働安全衛生調査(実態調査)
https://www.mhlw.go.jp/toukei/list/r02-46-50b.html　（2023.11.15.引用）

[28] Folkman, S. & Lazarus, R. S.(1980). An analysis of coping in middle-aged community sample. *Journal of Health and Social Behavior, 21*, 219-239.

[29] 影山隆之・小林敏生・河島美枝子・金丸由希子(2004). 勤労者のためのコーピング特性簡易尺度(BSCP)の開発:信頼性・妥当性についての基礎的検討 産業衛生学雑誌, 46, 4, 103-114.

[30] 小杉正太郎(2000). ストレススケールの一斉実施による職場メンタルヘルス活動の実際―心理学的アプローチによる職場メンタルヘルス活動 産業ストレス研究, 7, 141-150.

[31] 三浦正江・坂野雄二・上里一郎(1998). 中学生が学校ストレッサーに対して行うコーピングパターンとストレス反応の関連 ヒューマンサイエンスリサーチ, 7, 177-189.

[32] Seligman M. E. P. & Csikszentmihalyi M.(2000). Positive psychology:An introduction. In Special issue on happiness, excellence and optimal human functioning. *American Psychologist, 55*, 5-14.

[33] Schwarzer R.(2000). Manage stress at work through preventive and proactive coping, In E. A. Locke (ed.), *The Blackwell handbook of principles of organizational behavior, Ch. 24*, pp.342-355. Oxford. UK: Blackwell.

[34] Greenglass E., Schwarzer, R., & Taubert S. The Proactive Coping Inventory (PCI): A multidimensional research instrument. 1999 http://www.psych.yorku.ca/greenglass/ より入手(2023.11.15.)

[35] 川島一晃(2007). 成長に結びつけるコーピング研究の理論的検討―新しいコーピング理論としての Proactive Coping Theory― 名古屋大学大学院教育発達科学研究科紀要, 54, 93-101.

第7章
犯罪に向き合う
―日本の司法システムと心理学―

7.1　日本の司法制度

　犯罪とは、罪を犯すこと、もしくは犯した罪のことであるが、法律上は刑法やその他の刑罰法規の規定によって刑罰を科される行為のことをいう。犯罪として処罰するため、「罪刑法定主義」と呼ばれる近代刑法上の基本原則に従い、何を犯罪とし、いかに処罰するか、をあらかじめ法律により明確に定めておく必要がある。日本国憲法第三十一条には、「何人も、法律の定める手続によらなければ、その生命若しくは自由を奪はれ、又はその他の刑罰を科せられない。」と定められている。

　犯罪に関する社会心理学研究を進めるうえで、刑法(明治四十年法律第四十五号)、刑事訴訟法(昭和二十三年法律第百三十一号)を知ることは重要である。

　刑法とは、刑罰と刑罰を科せられるべき行為である犯罪を規定した法律であり、刑罰に関する「第一編　総則」と犯罪に関する「第二編　罪」に分かれている。なお、刑法としての広義の解釈としては、「軽犯罪法」や「道路交通法」など、違反した場合に刑罰を科せられる法律上の規範のすべてを総称する場合もある。

　刑事訴訟法は、「第一編総則　第一条」で、「この法律は、刑事事件につき、公共の福祉の維持と個人の基本的人権の保障とを全うしつつ、事案の真相を明らかにし、刑罰法令を適正且つ迅速に適用実現することを目的とする。」と記されているとおり、刑事手続きについての法律である。なお、実質的にはこの刑事訴訟法典の他に、刑事訴訟規則、裁判所法、検察庁法、弁護士法などの刑

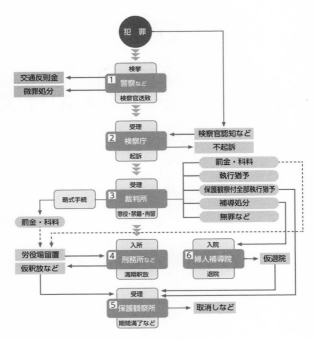

出典）「法務省パンフレット」、p.33、図 1
https://www.moj.go.jp/content/001318606.pdf

図 7.1　成人による刑事事件の流れ

事司法関連法規の総体として刑事訴訟法を指すことがある。

　本章では、まず犯罪が発生した場合、どのような手続きで犯罪捜査が行われ裁判に至るか(図 7.1)を説明し、次に、各司法システムにおける心理学の役割を解説する。そして、今後、ますます凶悪化と考えられる犯罪について、どのように対峙するべきかを検討していきたい。

7.1.1　捜査

　殺人や窃盗などの犯罪が発生したときに、その犯人と証拠を発見、収集、保全する捜査機関(刑事訴訟法により、司法警察職員、検察官、検察事務官が捜査機関と定められている)の活動を「捜査」という。捜査では、社会秩序の維

持のために必要な活動であるが、強制処分によって被疑者や関係者の人権侵害を伴うこともある。

　捜査には、任意捜査と強制捜査がある。任意捜査とは、強制処分によらない捜査であり、強制捜査とは、強制処分による捜査である。

(1)　強制処分

　強制処分とは、特別な根拠規定（刑訴法百九十七条一項但書）に従って行える行為、具体的には個人の意思の制圧、身体、住居や財産等に制約を加える行為である。

(2)　令状主義

　捜査は、強制捜査ではなく可能な限り任意捜査によるべきとされる（任意捜査の原則）。また、すべての強制処分は令状がなければ行うことができない（令状主義）という原則に従う。なお、令状とは、逮捕・勾留、捜索・差押などの強制処分の裁判書である。なお、例外として、法の定めに基づき、現行犯逮捕など令状なしで強制処分を行うことができる場合もある。

(3)　捜査の端緒

　捜査の端緒には、警察官による職務質問や変死体を見分する検視など、捜査機関によるものと、自首や犯人以外の人が告訴、告発、請求をする捜査機関以外によるものがある。また、新聞やテレビなどの報道による情報などから犯罪を認知する場合もあり、それら捜査の端緒から捜査が開始される。

(4)　物的証拠と人的証拠

　捜査は、物的証拠の収集と人的証拠の収集に大別される。これらは、証拠収集、犯人の身柄確保により検察官の公訴提起を行うために行われる。物的証拠の収集は、任意捜査による場合と強制捜査による場合がある。人的証拠（供述証拠）の収集は、被疑者としての取調べと第三者としての取調べの２通りの

取調べ方法がある。逮捕、勾留されている被疑者を除き、取調べについては出頭を拒み、またいつでも退去することができ、また、被疑者の取調べにおいては、あらかじめ供述拒否権があることを告げる必要がある。

7.1.2　身柄の確保

　犯人の身柄の確保は、逮捕および勾留により行われ、原則として令状が必要である。逮捕には、通常逮捕、緊急逮捕、現行犯逮捕の 3 種類がある。

　通常逮捕は逮捕状による逮捕である。検察官や司法警察員は、裁判官に対して逮捕状発付の請求をする。それを受け裁判所が逮捕状を発付した場合、被疑者に対してその逮捕状を示すことにより逮捕することができる。

　現行犯逮捕は、現行犯人（現に罪を行い、もしくは現に罪を行い終わった者）に対し、逮捕状がなくても、誰でも逮捕することができるものである。

　緊急逮捕は、捜査機関が、死刑、無期、長期 3 年以上の懲役・禁固にあたる罪を犯したことを疑うに足りる十分な理由がある場合で、緊急を要し、裁判官の逮捕状を求めることができない場合、その理由を告げて犯人を逮捕することができる。

　その後、司法警察員は、ただちに犯罪事実の要旨と弁護人を選任できることを告げ弁解の機会を与える。司法警察員が留置の必要がないと判断したときは、すぐに釈放するが、留置の必要がある場合、48 時間以内に書類および証拠物を添えて身柄を検察官に送致しなければならない。

　検察官が身柄を受け取ったときも、弁解の機会を与えなければならない。検察官が留置の必要がないと判断したときは、ただちに釈放し、必要があると判断した場合、身体を拘束された時から 24 時間以内に、勾留の請求もしくは公訴の提起をしなければならない。

　勾留とは、逮捕に引き続いて行われる強制処分のことを指す。被疑者の勾留期間は、原則として勾留の請求をした日から 10 日間である。ただし、やむを得ない事情がある場合に限り、10 日を超えない限度で期間を延長することができる。

検察官は、起訴相当と認めるときは公訴提起をする。しかし、諸事情を考慮して起訴猶予にすることや不起訴処分にすることもできる。その段階に達した場合は、捜査は終結となる。

7.1.3　鑑識

(1)　概要

犯罪捜査において、犯罪現場などから事件解決のために必要と考えられる物的資料を採取し、分析や鑑定などをする業務が「鑑識」である。1948 年の警察法制定に伴い各都道府県に鑑識課が設置され、新刑事訴訟法の施行とあいまって、犯罪捜査が証拠中心主義へと転換され進展した。以後、犯罪鑑識の重要性は高まり現在に至っている。

現場に臨場する鑑識担当者(警察官)の主な業務は、現場などの写真撮影、指紋や足跡、痕跡、毛髪や繊維など、証拠となる資料の適正な採取である。そして、犯罪現場で収集された資料は、各都道府県の刑事部鑑識課や科学捜査研究所に、鑑定嘱託として送付される。鑑識課では警察官や専門職員が、指紋鑑定、足跡鑑定などを、科学捜査研究所では研究職員が、血液鑑定、DNA 鑑定、薬毒物鑑定、微細物鑑定などを、それぞれ行っている。

(2)　指紋、足跡、こん跡

鑑識課の主たる鑑定業務である指紋、足跡、こん跡について説明する。

犯罪捜査における指紋活用(瀬田・井上，1999；McDermid, 2014；菱田，2017)は、1858 年、東インド会社にて給与の不正受給を防ぐために指紋が利用されたところから始まる。医学的には、17 世紀から 19 世紀初頭にかけ、指頭の隆起にさまざまな形があることが指摘されていたが、実際的な活用は、この活用が初めてであったとされる。1880 年、フォールズにより、犯罪現場に遺留された指紋から犯人の割り出しが可能であることが強調されている。また 1892 年、イギリスでは人類学者であり統計学でも著名なガルトンが、指紋の分析と識別に関する統計モデルを著書『指紋』にて公表している。これら成果

を受け、ヘンリーが1901年に現在の基礎となる指紋分類法に関する研究を発表し、世界中に犯罪捜査における指紋の実用化が広まることとなる（菱田，2017）。なお日本では、1911年から犯罪捜査で指紋が採用されている。

　一方、足跡やこん跡については、指紋のような研究や変遷を経て現場に活用されてきたわけではない。犯罪現場に印象されている可能性が極めて高い足跡については、実務中心に積極的な活用がなされてきた経緯がある。足跡以外のこん跡としては、タイヤこん（自動車やバイクなどのタイヤによって印象されたこん跡）、工具こん（犯行道具として使用されたペンチ、刃物、ドライバーなどのこん跡）、擦過こん（手袋のこん跡、接触によるこん跡、耳や肌などのこん跡）などがある。こん跡に対しては、科学的に分析・比較対照など鑑定を行い、現在は証拠資料として広く活用されている。また、現場の足跡からは、犯行時の行動や経路の推定、犯人の数などの推定も可能であり、データが複数あれば犯人の性別や体格、年齢層なども予測することも可能である。

7.1.4　裁判

　前述した捜査による人的証拠や鑑識などの鑑定結果による物的証拠などから、検察官が起訴することを相当と考え、裁判所に起訴状を提出し公訴を提起すると、刑事事件の裁判手続の開始、すなわち裁判所の法廷にて公の場で行われる公判が始まることとなる（図7.2）。

　公判では、まず、冒頭手続（人定質問、起訴状朗読、黙秘権の告知、被告事件に対する陳述）が行われる。その後、証拠調べ手続に入り、検察官による冒頭陳述（証拠によって証明しようとする事実）と、裁判員裁判では弁護人による冒頭陳述が行われる。

　検察官の立証、および被告人側の立証では、それぞれが取調べを請求した証拠について、裁判所が証拠を採用するかどうか個々に決定し、採用したものを取り調べる。証拠調べ手続が終了した後、まず、検察官が事実関係や法律的問題などの意見を述べ（論告）、被告人に科すべき刑について意見を述べ（求刑）、次に、弁護人が事実関係や法律的問題などの意見を述べることとなる（弁論）。

【刑事手続全体の流れ】

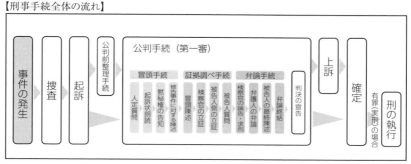

出典）「刑事事件」、法務省ホームページ
https://www.courts.go.jp/saiban/syurui/syurui_keizi/index.html

図 7.2　公判手続きの流れについて

最後に、被告人も意見を述べることができ、法廷での審理が終わる（弁論終結、結審）。

　裁判所が証拠を検討した結果、被告人が罪を犯したと考えられる場合には有罪判決が、被告人が罪を犯したことに確信をもてない場合には無罪判決が言い渡されることとなる。

　なお、刑事裁判において有罪判決を受けるまでは、被疑者や被告人を無罪として扱わなければならない、という無罪推定の原則がある。逮捕や起訴された時点で、マスコミなどで有罪であるかのように報道されることがあるが、それは誤りである。

7.2　司法・犯罪分野で活躍する心理職

　司法・犯罪分野と心理学のかかわり方として、犯罪にかかわった人や被害を受けた人などに対して、心理学のプロフェッショナルとして向き合う心理職の存在がある。司法・犯罪分野の心理職は、一般に少年の矯正に関わることが多い。そのため、本節では司法・犯罪分野の観点から、主に非行少年にかかわる心理職の役割と業務を紹介していく。

7.2.1 非行少年の処遇と心理職

　司法・犯罪分野の少年と心理職のかかわりについて、非行少年の処遇の流れに沿って**図 7.3** を用いて説明する。

　あらゆる非行少年は警察による補導や逮捕、児童相談所への通告によって認知される（①）。その後、非行少年はすべて家庭裁判所に送致される（②）。これを全件送致主義という。この時、少年が 16 歳以上で故意の行為によって人を

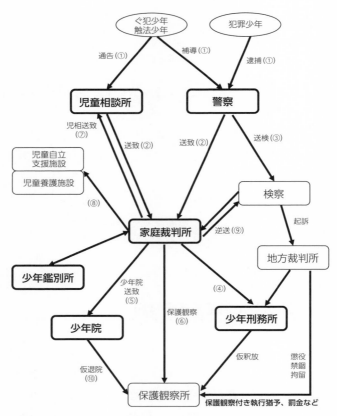

出典）　法務省パンフレット[1] をもとに筆者作成。
図 7.3　非行少年の処遇

死亡させた事件や18 ～ 19歳の少年(特定少年)が死刑や無期懲役、1 年以上の禁錮懲役に該当する犯罪を犯した事件であれば、原則検察に送検される(③)。

家庭裁判所では少年の処遇について審判され、少年刑務所への入所(④)、少年院送致(⑤)、保護観察(⑥)、児童相談所送致(⑦)もしくは児童自立支援施設や児童養護施設等への入所(⑧)か検討される。この際に刑事処分が相当と判断された場合は検察に逆送される(⑨)。

保護観察所では、保護観察官や保護司による指導や支援を受けながら社会内処遇が施される。対象となるのは、少年院を仮退院(⑩)となった者や少年刑務所を仮釈放となった者、刑事裁判で保護観察付き執行猶予や罰金の処分となった者、刑務所で仮釈放となった成人などである。図7.3を見てわかるように、少年司法においては家庭裁判所が中心的な役割を果たしている。

7.2.2 家庭裁判所調査官

司法・犯罪分野の心理職として、まずは家庭裁判所調査官について紹介する。被疑者が成人であれば、第一審は地方裁判所(軽微な罪は簡易裁判所)で行われるが、未成年については家庭裁判所で審判や少年裁判を行う。家庭裁判所では、その他にも非行少年についての調査や、家庭内の紛争などの家事事件についての審判や調停も行っている。

家庭裁判所調査官の主な仕事は、審判の対象となる少年に対して面接や心理検査を実施することである。その他、家族や学校関係者など周囲の人々の面接や、家庭や保護者との関係、境遇や経歴、教育の程度や状況、不良化の経緯、事件の関係などについての調査も行う。この調査の結果を裁判官に書面(少年調査票)で報告し、処遇についての意見を付す[2]。この調査の結果が、少年の処遇に活かされることとなる。家庭裁判所調査官は、少年鑑別所や児童相談所など、他の司法機関や福祉機関とも連携しながら、少年にとって最適な処遇がなされるよう努めなければならない。家庭裁判所調査官になるには、家庭裁判所職員の総合職採用試験(家庭裁判所調査官補)に合格した後、裁判所職員総合研修所において2年間の研修を受けることになる。

7.2.3　法務技官・法務教官

　法務技官は少年鑑別所に勤務することが多いが、成人の刑務所や婦人補導院、少年院や少年刑務所などに勤務することもある。少年鑑別所は、平成 26 (2014)年新設の少年鑑別所法に基づき、①家庭裁判所での調査や審判に資するための鑑別、②観護措置により入所した少年に対して観護処遇を行う。また、③地域社会における非行や犯罪の防止に関する援助も目的とされている[2]。このうち、③の役割を担う施設として、法務少年支援センターと呼ぶこともある。少年鑑別所では、少年に対して医学、心理学、教育学、社会学、その他の専門的知識や技術に基づく鑑別を行う。心理の専門職員は、知能検査や性格検査などの心理検査や面接を行い、少年が非行に至った要因を明らかにしていく。少年院や刑務所などの矯正施設においても、受刑者や非行少年に対して面接や心理検査を行う。少年院では、主に法務教官が少年の生活指導や教科指導、職業指導、体育指導、特別活動指導を行っている。生活指導には治療的な指導も含まれ、法務技官はその専門性を活かしてカウンセリング、コラージュや箱庭療法、マインドフルネスなど、少年の性格や発達の特性に応じて多様な指導が行われる[4]。その他、改善指導プログラムの実施や処遇効果の検証、矯正計画の策定にも携わる。法務教官の多くは少年院に勤め、少年の指導に携わるが、少年刑務所や少年鑑別所に勤務することもある。少年鑑別所においては、観護措置中の少年の行動観察などを行う。

　非行少年とより長期間身近で支援するのは法務教官であるが、専門的な心理学の知識や技術がより必要になるのは法務技官である。法務技官と法務教官は、互いに協力して在院者や受刑者にとって最適な処遇を目指していかなければならない。法務技官や法務教官は、国家総合職の試験に合格し採用された後、法務省管轄の矯正研修所に入所し、犯罪心理学や心理検査などについての研修を受けることになる。

7.2.4　児童心理司・施設心理士

　福祉領域においても、犯罪や非行に関わる心理職がある。児童心理司は、児童相談所で働く心理職で、以前は心理判定員と呼ばれていた。その業務は、「子どもや保護者等の相談に応じ、診断面接、心理検査、観察等によって子ども、保護者等に対し心理診断を行うこと」、「子ども、保護者、関係者等に心理療法、カウンセリング、助言指導等の指導を行うこと」である[5]。児童相談所には、虐待を受けた子どもを一時保護する機能がある。虐待事案に関して警察や検察が捜査をする中で、子どもから被害の内容や当時の状況などを聴取するため、協同面接が行われることがある。協同面接に際して、児童心理司は子どもの知的能力や言語能力など心理診断の結果を説明することが求められる場合がある[5]。また、被虐待児だけでなく、非行少年も児童相談所に入所することがある。家庭裁判所において、非行の内容が軽微な場合や、家庭環境が非行の要因として重大であると判断された場合には、児童相談所での保護や、児童養護施設や児童自立支援施設への入所や通所とされることもある。

　児童相談所以外にも、非行を犯した（犯す恐れのある）子どもや、虐待やDVなどのために家庭での養育が困難な子どもを支援する児童福祉施設がある。このような児童福祉施設で働く心理職は、施設心理士と呼ばれ、子どもたちの心理判定や心理的ケアを行っている[6]。以下に紹介する児童福祉施設は、児童福祉法によって定められた施設であり、公立のものと民間のものがある。

　児童養護施設は、保護者のいない児童や被虐待児など、保護者に監護させることが適当でない児童を入所させている。その目的は、安定した生活環境を整え、生活指導、学習指導、家庭環境の調整等を行いつつ養育し、児童の心身の健やかな成長とその自立を支援することである。児童養護施設に入所している子どものうち、虐待を受けた子どもは65.6％である[7]。児童自立支援施設は、犯罪などの不良行為をした子どもやする恐れのある子ども、家庭環境等の事情により生活指導等を要する子どもを入所もしくは通所させて自立を支援する施設である。児童心理治療施設は、心理的問題を抱え、日常生活に支障をきたし

ている子どもたちに、医療的な観点から心理治療を行う施設である。入所や通所については、児相相談所長が適当と認めた場合に措置として取られる。

　母子生活支援施設は、配偶者のいない母親やDVを受けている母親とその子どもに対して、保護と自立支援を目的として入所させる施設である。近年ではDV被害者が入所者の50.7%を占めている[7]。乳児院は、乳幼児を養育したり、育児相談やショートステイなどの子育て支援を行ったりする施設である。被虐待児・病児・障害児などに対応できる専門的養育機能も備えている。

　児童心理司は各都道府県の採用試験に合格して採用されるが、任期付きの職員である場合が多い。施設心理士は、施設ごとに採用を行なっている場合が多く、正社員の雇用も多い。

7.2.5　科学捜査研究所・科学警察研究所の鑑定職員

　警察においても心理職が活躍する場面は多い。科学捜査研究所では、鑑定の専門職員が法医学、化学、物理学、心理学などの科学技術を活用した科学鑑定を実施している。心理学の専門職員の業務としては、ポリグラフ検査とプロファイリングがある。

　ポリグラフ検査とは、被検査者に対し、心拍、呼吸、皮膚電気活動、脈拍などの生理指標を測定しながら、事件に関する質問をしていく検査である[8]。現在の日本の警察では、隠匿情報検査(Concealed Information Test：CIT)という質問法が用いられている。人は「認識していること」とそれ以外のことを提示されたときとでは異なる生理反応を示す。CITによるポリグラフ検査は、このことを利用し、被検査者が「犯人しか知らない事件事実」を知っているか調べる検査法である。日本の警察で行っているプロファイリングには、犯罪者プロファイリングと地理的プロファイリングがある。犯罪者プロファイリングでは、過去の同種事件の情報から今回の事件の犯人の特徴を推測していく。地理的プロファイリングは、同様の事件が多発した場合などに、事件の発生地から犯人の自宅や職場などの拠点を導き出す手法である。

　科学捜査研究所は各都道府県警察に属しており、そこで働く職員も地方公務

員である。警察庁に属する科学警察研究所では、国家公務員の研究員がポリグラフ検査やプロファイリング、その他警察活動に関する研究を行っている。

7.2.6 警察におけるその他の心理職

科学捜査研究所や科学警察研究所以外にも、警察組織で働く心理職がいる。都道府県警察の機関である少年サポートセンターでは、少年補導専門員という心理学や教育学の専門の職員が働いている[9]。少年補導専門員の主な業務内容は、少年本人や保護者、学校関係者などからの非行や問題行動、犯罪被害に関する相談に応じることや、警察官と一緒に少年補導を行うことである。なお、少年サポートセンターは、他の司法機関や福祉機関、教育機関などと連携するアウトリーチの役割も担っている。

被害者支援室では、民間の精神科医やカウンセラーと連携したり、カウンセリングの公費補助を行ったりしている。その他、臨床心理学などを専門とした職員が犯罪被害者などのカウンセリングに応じている[10]。また、被害後の通院や、警察官による被害者への聴取の際に立ち会うといった支援も行っている。

科学捜査研究所や少年サポートセンター、被害者支援室で働くには、大学や大学院で心理学や教育学などを学び、各都道府県警察の採用試験に合格する必要がある。

7.2.7 民間の心理職

これまで紹介してきた心理職は主に国家公務員や地方公務員の専門職であったが、公務員以外の心理職でも司法や犯罪に携わることがある。犯罪被害者のトラウマケアや薬物依存、性依存などの克服をめざしたNPOやクリニックなども存在しており、多くの心理職が活躍している。また、一般的なクリニックやカウンセリングルームでも、犯罪被害者や遺族などのカウンセリングに応じたり、違法薬物依存の患者の治療に関わったりすることがある。クリニックなどでカウンセリングなどに従事するには臨床心理士や公認心理師などの資格が必須である場合が多く、資格を取得するには指定された大学院へ進学しなけれ

ばならない。

7.3　身の周りに潜む犯罪と対峙する

　2000年以降、日本における犯罪形態が変化している（桐生，2022）。その特徴として、性的目的の連続殺人や逆恨み的な動機による大量殺人が目立つとともに、SNS（Social Network Service）などインターネットが利用される犯罪や、特殊詐欺など巧妙な手口で騙す犯罪が多発している。前者の犯罪は、社会的なインパクトが大きいものの発生頻度は少ない。後者の犯罪は、身近な場面で起きているるもののその実態が見えにくい。

　今後、ますます悪化していくと考えられる犯罪について、どのように対峙するかを検討していきたい。

7.3.1　SNSを介した未成年者の犯罪被害

　警察庁生活安全局人身安全・少年課より公表された「SNSに起因する事犯の被害児童数の推移」より、児童買春・児童ポルノ禁止法などに該当するSNSが関連した事犯を図7.4に示した。これより、SNSが関連した事犯の被害児童数として、児童買春は、近年減少傾向であるものの、児童ポルノは、2013年より増加傾向であることがうかがわれる。

　また、児童ポルノ事犯の態様別検挙状況を見ると、製造事犯は、2010年は682件であったが、2019年には1664件であり、単純製造が大半を占めているが盗撮製造の件数も増加している（統計が始まった2014年は29件、2019年は269件）。提供・公然陳列事犯は、2010年は604件であったが、2019年は836件であり、特定少数提供の増加が目立っている（2010年は108件、2019年は300件）。

　これらのSNSを介する犯罪の被害に遭っている未成年者は、生まれたときからSNS環境が整っており、ソーシャルメディアが日常生活に欠かせないものとなっているデジタルネイティブ世代である。デジタルネイティブ世代の特

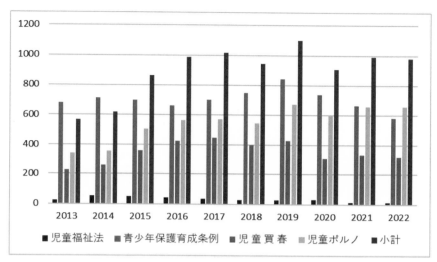

図 7.4 SNS に起因する犯罪事犯の未成年者数の推移

徴と状況と特徴については、先行研究(藤・吉田,2009;太幡・佐藤,2016;都筑・宮崎・村井・早川・飯村,2019;桐生ら,2021 など)より、

① 世界中の情報を、物理的、時間的制約を受けずスマートフォンから得ることができる。ただし、それら情報には偏りや制限があることに気づきにくい。また、個人情報を容易にオープンにしてしまう高いリスクを有する。

② スマートフォンを通じて形成される対人関係も、直接対面しての対人関係と同様に重視される。ただし、相手の考えや感情の変化などが推測しにくいことに気づきにくい。一方、安易に人を傷つけたり自身の欲求不満を安易な手段で発散してしまうリスクを有する。

といったことが考えられる。そして、これらの特徴が、SNS を介した犯罪において、犯行を容易にする要因となることが推測される。

7.3.2 SNS の種類と使用状況

SNS を、インターネットを通じ人と人とのつながりの場を提供する「サービス」といった狭義の定義だけではなく、その上位カテゴリーである「ソー

シャルメディア（Social media）」の概念である「情報共有や情報拡散が生まれる媒体」といった意味も含めたものとして、種類を概観してみたい（桐生, 2021）。

　現在の SNS の機能やタイプは多様化している。例えば、交流を主な目的としたものとして「X（旧 Twitter）」、「Note」、「Facebook」などが、メッセージを主な目的としたものとして「LINE」、「KakaoTalk」などが、写真提示を主な目的としたものとして「Instagram」などが、動画提示を主な目的としたものとして「YouTube」、「TikTok」などがある。これに加え、ライブ感覚の交流プラットホームとして「Showroom」、「17Live（イチナナ）」、「TwitCasting（ツイキャス）」などが、出会いを目的としたプラットホームとして「ORCA」、「Tinder」などがある。また、オンラインゲームのチャット機能もまた SNS のプラットホーム的な役割を担っている。

　SNS は、個人からの情報が不特定多数に発信される「オープン」な SNS か、特定の人または集団に発信される「クローズド」な SNS か、「オープン」から「クローズド」に移行できる機能があるか、によっても区分されるなど、SNSの多様性が高まっている。例えば、「オープン」では「YouTube」、「TikTok」、クローズドでは「LINE」、「KakaoTalk」などがあり、また、「オープン」である「X（旧 Twitter）」や「Instagram」は、ダイレクトメール（DM）機能を使うことで「クローズド」としての SNS の役割も有している。

7.3.3　SNS を介した未成年者の被害事件の実態

　桐生は、SNS が介した未成年者の被害事件の記事を収集し、分析した結果を報告している。

　分析資料は、オンラインデータベースの「聞蔵 II ビジュアル」を利用し、「児童」、「SNS」、「コミュニティサイト」、「被害」、「わいせつ」などのキーワードを用いて検索した 2017 年から 2020 年の間の新聞記事 127 事例である。収集した事例を、被害者の属性、加害者の属性、事件の概要などを変数化し、統計分析を行った。その結果は、**表 7.1** のとおりであった。

表 7.1　SNS を介した性犯罪の加害者と被害者との関係

被害者 / 加害者	小学低学年	小学高学年	中学生	高校生	不明	合計
10 歳代	0	2	1	4	1	8
20 歳代	1	4	9	18	5	37
30 歳代	0	9	10	19	4	42
40 歳代	0	2	8	11	4	25
50 歳代	0	0	5	6	2	13
60 歳代以上	0	0	0	2	0	2
合計	1	17	33	60	16	127

　加害者は 20 歳代・30 歳代が多く、被害者は高校生が多いことが示唆された。なお、加害者の職業は、「公務員」42 名、「教員」35 名、「会社員」13 名、「無職・不詳」15 名などであった。

　被害者の属性と加害者の年齢の年代、及び罪名との関係について分析したところ、「高校生」、「中学生」において「児童ポルノ」や「児童買春」が多いこと、「児童ポルノ」において「20 歳代」の加害者が、また「児童買春」において「30 歳代」の加害者が、それぞれ多いことがうかがわれた。また、「小学校高学年」において、「30 歳代」の加害者による「児童ポルノ」が、「20 歳代」の加害者による「未成年者誘拐」が、それぞれ多いことがうかがわれた。

　具体的な事例は次のとおりである。

- 会社員の男（31 歳）は、SNS で知り合った女子中学生（当時 12 歳）に、13 歳未満と知りながら現金を供与してホテルでわいせつな行為をしたほか、その様子をスマートフォンで動画撮影して児童ポルノを製造した。令和元年 11 月、男を強制性交等及び児童買春・児童ポルノ禁止法違反で検挙した。

- 無職の男（40歳）は、SNSで知り合った10代の少女らにわいせつな行為をした様子を撮影した動画について、自身が立ち上げていた低年齢児童を性的好奇心の対象とする者らからなるグループの会員らに販売した。平成31年1月、男を児童買春・児童ポルノ禁止法違反で検挙した。

　次に、桐生は、全国の高校生1年生以上の未成年者を対象者としたインターネットによる質問紙調査を行い、SNSを介した犯罪被害について分析した結果を報告している。

　未成年者1,083名のうち、性的な逸脱行為や犯罪被害の経験のあった回答者は139名（女性116名、男性23名）であった。未知の人からの嫌がらせが多く（女性61名、男性12名）、次に知人による嫌がらせが多かった（女性25名、男性5名）。どのSNSを介しての被害なのかを分析したところ、男女とも、「X（旧Twitter）」や「Instagram」において、見知らぬ人からの性的な嫌がらせ被害が多かった。また、女性の場合、知人からの性的な嫌がらせ被害は「X（旧Twitter）」と「LINE」が多かった。事例をいくつか紹介する。なお、内容については一部改変している。

- 個人的に趣味についてつぶやいているX（旧Twitter）で、「僕と気が合うみたい。よかったら知り合いになりませんか。」などとコメントされ、LINEのQRコードが送られてきた。相手は20代後半から30代前半くらいの男性であり、趣味以外のことも何でも理解してくれて、私が一方的に話しても、それに対してすぐ反応するような関係性だった。3日後、「今度渡したい物（趣味に関係するもの）があるから会おうよ。写真を送って」と連絡があったので。身分証明書の写真を送ると、「可愛いじゃん、下着の写真も送って」と言われた。

- Instagramで知り合った男性とLINEでやりとりしていると、いきなり下半身の画像を送ってきて「キミの裸もみたい」と何回も言ってきたのでブロックした。すると相手は、InstagramのDMで「なんでブロックしたの?」、「もっと話そうよ」などと、アカウントを変えてストーカー行為をしてきた。

- Instagram で家出時の宿泊先を探していたときに、ある男性が Twitter の
アカウントを教えてくれたので、チャットを始めた。しばらくして、性的
なことを求めてきたため、怖くなってアカウントを消した。
- 高校 2 年生のとき、仲がよく、学校だけでなく LINE でもよく会話をし
ていた男子生徒がいた。LINE を始めてから半年が経ったころ、突然、性
的な画像を送りつけられるようになった。

7.3.4 SNS を介した犯罪加害者の手口

桐生(2021)は、前項で述べた調査結果から、SNS を介して未成年者が犯罪
被害に遭うプロセスを、次のように考察している。

まず、性的な逸脱行為や犯罪を目的とする加害者の特徴として、

① 初期は、未成年者の投稿に対してフォローし、コメントや DM などで
個人対個人のやり取りを行う。

② 中期は、未成年者の言葉に対し、小まめに返事などを行い親しい関係性
を築く。

③ ある程度の期間が経つと、性的な行為や写真などを要求する。

といったプロセスがあるものと想定できた(図 7.5)。

また、それらのプロセスにおいて、性的な「写真」、「DM」でのやり取りを
促す言葉が多く出現してきた場合、その後、児童ポルノのような性的犯罪に結
びつくことが考えられた。また、被害者が性的な逸脱行為や犯罪を目的とする
「見知らぬ」加害者と遭遇しやすい SNS として、「X(旧 Twitter)」が多いこと
も指摘された。この「X(旧 Twitter)」や「Instagram」が使用される場合、
前述のオープンな SNS から次第に個人的なやり取りができるクローズドな機
能へ移行することで、被害者と加害者の間に親密性が高まる効果があるものと
も予測された。

7.3.5 詐欺との攻防①：保険金詐欺

保険金詐欺について、心理尺度を用いた実験的研究としては次のようなもの

前期（信頼関係構築）→転換期（写真・動画要求・不安喚起）→発展期（強要）

前期	転換期	発展期
①オープンな投稿をフォロー、コメントを送る。②DM機能などクローズドの交流へ移行。聞き役に徹する。小まめに認める、誉める応答をする。親密さが高まる。	性的な写真の要求	より過激な写真・動画の要求。性的行為の要求。

前期：①オープンな投稿をフォロー、コメントを送る。②DM機能などクローズドの交流へ移行。聞き役に徹する。小まめに認める、誉める応答をする。親密さが高まる。

Twitter/Instagram：各DM機能へ。LINE：そのまま。

出会い系サイトからSNS移行の場合もある。

転換期ワード：信頼感による確証バイアス
「裸の写真を撮るのは、他の女の子ならだれでもやってるよ」、「アイドルだって、下着の写真、撮ってるじゃん」、「今まで送ってきた女の子って、おかしいの？」

転換・発展期ワード：不安喚起による誤った判断
「写真を送ってくれないのは俺のことが嫌いだから？」、「（送らない）あなたの行為はおかしい」、「あなたを守れるのは私だけ」、「（手元にある）写真をばらまくぞ」、「助けてほしい」、「信用していいよ」

発展期ワード：情報のコントロール
「裸の写真を送ったことがバレたら、君も警察に捕まるよ」、「あなたのやった行為は犯罪だ」、「こんなことがバレたら周りの人に迷惑をかける」

図 7.5　被害プロセスと、加害者の典型的な手法・言い回し・ワードなどについて

がある。Modic ら（2018）は、仮想のオンライン保険金請求実験にて、保険金の過大請求の心理的要因を検討している。実験では、実験参加者に個別のシナリオを与え、過大請求がシナリオ場面と性格特性（非倫理的、欺瞞、自己中心的など）との関連によって説明を試みている。その結果、使用した心理尺度である「ダークトライアド（Dark Triad）」における反社会的行動、衝動性、利己主義といった心理的要因に基づく「ささいな嘘（fibbing）」の特性が過大請求に関わっていたことを指摘している。

　篠原（2017）の提唱する不正請求類型（**図 7.6**）によれば、この David らが想定した保険金請求は「過大請求型」となり悪質性は低いタイプといえよう。Hutterer（2017）も同様に指摘しているように、保険金の不正請求においては「事故偽装型」と「事故便乗型」に大別され、前者のほうが不正請求者の意図性、悪質性は高く法的な対応事案としても重要度が高い。

事故偽装型		事故便乗型	
事実は保険事故は存在しないにもかかわらず、これがあったように偽装すること。		実際に発生した保険事故を利用して、実際の損害額以上の利得を不正に取得すること。	
事故作出型	偶然ではなく、故意に保険事故に相当する事故を作出する場合。①故意に家を燃やしたり、交通事故を起こす。②当たり屋。	捏造請求型	実際には存在しなかった損害によって保険金を請求する場合。①保険事故となる火災の損害をこうむった際に実際には置いていなかった商品や家財の損害を請求する。
架空事故型	保険事故に相当する事故自体が存在しない場合、あるいは、保険事故ではない事故が存在し、これを保険事故と偽る場合。①遊興中に負ったケガを自動車事故によるものとみせかける。②別の場所における盗難事故を被保険場所における盗難と偽る。③保険契約開始前の事故を契約後の事故と偽る（アフロス）。	過大請求型	保険事故の発生を悪用して保険会社に保険金を過大に請求する場合。①保険事故によって破損した物品の価値を過大に請求する。②休業損害証明書を偽造して実際よりも高額の補償を受ける。

出典）　篠原拓也（2017）「保険金詐欺の発生状況：日本と比べて、欧米では保険金詐欺はどうなっているか？」をもとに筆者作成。
https://www.nli-research.co.jp/report/detail/id=55950?pno=2&site=nli

図 7.6　保険金の不正請求に関するタイプ

7.3.6　モラルリスクから見た保険金詐欺

　一方、本邦における研究では、モラルリスクに関わる法律系の論文（板東，2019；宮根，2008；坂本，2017；日野，2020 など）が多い。このモラルリスクとは、保険金や給付金を不正に取得する非道徳的な行為を示す保険業界の用語である。それらは、生命保険、入院保険金、傷害疾病定額保険、火災保険、自動車保険など多岐にわたる。

　これら研究では、「保険制度は善意の保険契約者を前提として成立している。そのため、不正請求者を放置することは、単に保険会社が保険金を取られることだけでは済まず、保険制度自体を崩壊させかねないものである」（山田，2009）というように、モラルリスクが保険制度の根幹にかかわる問題であることが強く意識されている。

　また、「保険詐欺は善良なる保険消費者と保険業界、一般社会に膨大な悪影

響を及ぼすものであるため、積極的に保険詐欺を予防・防止したり、摘発したりすることは必要不可欠であると思われる。しかし、保険詐欺防止特別法の実効力に疑問を示している現状から鑑みると、保険詐欺に対しては威圧的な刑事的厳罰に依存せず、保険詐欺を予防できるシステムの構築や保険制度の構造的改善、保険制度に対する保険消費者の認識を改善できる教育システムの開発、実効性を高めるための改正作業などに努めるべきであろう。」(李，2020)といった、問題の把握と具体的な多様な対策案が提案されているところである。

7.3.7　詐欺との攻防②：特殊詐欺

　特殊詐欺は、警察庁 HP「特殊詐欺対策ページにおいて、「被害者に電話をかけるなどして対面することなく信頼させ、指定した預貯金口座への振込みその他の方法により、不特定多数の者から現金等をだまし取る犯罪」(警視庁，2021)と定義され、各手口について以下のように説明されている。

①　オレオレ詐欺：親族、警察官、弁護士等を装い、親族が起こした事件・事故に対する示談金等を名目に金銭等をだまし取る(脅し取る)手口。

②　預貯金詐欺：県や市区町村などの自治体や税務署の職員などと名乗り、医療費などの払い戻しがあるからと、キャッシュカードの確認や取替の必要があるなどの口実で自宅を訪れ、キャッシュカードをだまし取る手口。

③　キャッシュカード詐欺盗：警察官などと偽って電話をかけ、「キャッシュカード(銀行口座)が不正に利用されている」、「預金を保護する手続をする」などとして、嘘の手続きを説明したうえで、キャッシュカードをすり替えるなどして盗み取る手口。

④　架空料金請求詐欺：未払いの料金があるなど架空の事実を口実とし金銭などをだまし取る(脅し取る)手口。

⑤　還付金詐欺：税金還付等に必要な手続きを装って被害者に ATM を操作させ、口座間送金により財産上の不法の利益を得る手口。

⑥　その他：融資保証金詐欺、金融商品詐欺、ギャンブル詐欺、交際あっせん詐欺などの手口。

としている。

　また、最近では、実在する企業をかたった自動音声ガイダンスにて、「未納料金がある」などを伝えオペレーター役に誘導し金銭を要求する「自動音声による詐欺」も増えている。

7.3.8　特殊詐欺に対する研究

　これら多様な特殊詐欺に対し、日本における犯罪心理学的な研究知見は少なく、その研究領域も被害者の性格や騙されやすさ（Ueno, etc., 2022）などの分析が主たる領域となっている。例えば、滝口（2019）は、高齢者 99 名（女性 61 名、男性 38 名；平均年齢 81.95 歳）に対して質問紙調査を行ったところ、「オレオレ詐欺」の認知度は高かったが他の特殊詐欺はあまり知られていなかったこと、脆弱性の認知（被害の遭いやすさの見積もり）に関し 8 割が被害に遭わないだろうと考えていること、女性は家族がいる場合のほうが被害に遭う可能性を意識していることなどを指摘している。ただ、同様の研究も多いわけでは無く、犯行形態の分析や加害者に関する研究などの研究に関してはほとんど見当たらないのが現状である。

　このような状況に対し、大工ら（2018）は、アメリカにおいて NPO や警察機関と協力した大規模な研究が行われ有意義な知見が得られているのに対し、日本においては司法機関との協力が得られにくく実際のデータが扱えないことから研究が少ないのではないかと指摘している。

　また、日本における特殊詐欺研究の低迷を考慮し、実際的で効果的な研究推進を目指すために、越智ら（2021）が日本犯罪心理学会大会での連続シンポジウムを開始している。第 1 回目は、科学捜査研究所から大学教員となった越智、桐生、萩野と、科学警察研究所に所属する島田、及び社会心理学者の安藤により、「心理尺度の作成」、「警察データを用いた犯罪行動分析と分析結果に基づいた社会内介入実験の試み」、「対抗策的トレーニングの試み」などについて発表があり論議された。第 2 回目では、警察から調査協力を依頼された心理学者の分析結果、詐欺脆弱性に関する心理尺度の開発などが話題提供を行い、前回

に引き続き議論が続けられた。

　実態調査として、桐生（2022）は、60 歳代、70 歳代の高齢者 10,000 名（男性：4,733 名、女性：5,267 名）を対象とした特殊詐欺被害に関する質問紙調査を行っている。「あなた自身やあなたの身の回りの人で、今までに詐欺犯罪にあった、もしくはあいかけた経験が有りますか」の設問に対し「ある」と回答した男性 553 名、女性 554 名を抽出し分析対象データとした。その結果は、**表 7.2** のとおりである。

　「被害に遭った」ないしは「被害に遭いかけた」経験数は、オレオレ詐欺などの電話による詐欺は 411 名、架空請求通知などの郵便物による詐欺は 460 名、ワンクリック詐欺などのインターネットによる詐欺は 668 名、なりすましなどの SNS による詐欺は 255 名、自宅訪問による詐欺は 202 名であった。また、電話による特殊詐欺にて、実際にお金などを騙し取られた経験があるのは 36

表 7.2　特殊詐欺における高齢者の被害経験の内容

		60 歳代男性	60 歳代女性	70 歳代男性	70 歳代女性	合計
電話による詐欺 （オレオレ詐欺・還付金詐欺・キャッシュカード詐欺盗など）	被害にあったことがある	12	12	11	27	62
	被害にあいかけた （未然に防いだ）ことがある	51	62	86	153	352
	遭遇したことはない	186	146	207	157	696
郵送物による詐欺 （架空請求通知が届く詐欺など）	被害にあったことがある	7	6	3	5	21
	被害にあいかけた （未然に防いだ）ことがある	68	112	110	150	440
	遭遇したことはない	174	102	191	180	647
インターネットによる詐欺 （ワンクリック詐欺など）	被害にあったことがある	37	17	36	23	113
	被害にあいかけた （未然に防いだ）ことがある	154	110	179	116	559
	遭遇したことはない	62	92	89	196	439
SNS による詐欺 （なりすまし詐欺など）	被害にあったことがある	7	4	7	6	24
	被害にあいかけた （未然に防いだ）ことがある	73	56	59	44	232
	遭遇したことはない	169	159	239	285	852
自宅訪問による詐欺 （訪問販売詐欺など）	被害にあったことがある	15	7	19	22	63
	被害にあいかけた （未然に防いだ）ことがある	25	35	35	45	140
	遭遇したことはない	209	262	166	268	905

名であった。

7.3.9　特殊詐欺研究の今後

　2022 年日本応用心理学会第 88 回大会では、特殊詐欺の未然防止における潜在的被害者の生理反応測定データと心理データを用いた、AI による特殊詐欺予測モデル構築の一連の研究報告（紺野ら，2022）がなされ、被害予防に対する具体的な対策へのアプローチも開始された。

　これまで、自宅の固定電話の通話内容のワード分析にて、詐欺被害を未然に防ごうとする手法が提案されている。しかし、犯人側は、常に巧妙で新たな手口で犯行を行うため、犯人側の会話内容だけでは十分な予防ができなくなってしまう。そこで、通話内容のような犯人側の情報だけではなく、被害者側の心理状態に着目し AI と生理反応を用いたのが、その研究アプローチである。特殊詐欺に騙されているときの心理状態の変化は、一定のパターンを有すると想定しモデルを構築し、非接触にて生理反応が測定できるミリ波レーダを用いて実験を続けている。近い将来、高齢者の詐欺被害を防止できることが期待される。

　このように、社会心理学の調査と実験の成果が AI 技術を組み合わせることで、新たな実践の展開が予測される。今後、他分野と社会心理学とのコラボレーションは、ますます増えるものと考えるところである。

第 7 章の引用・参考文献

[1]　瀬田季茂・井上堯子(1999)．犯罪と科学捜査　東京科学同人
[2]　McDermid, V.,(2014). Forensics:What bugs, burns, prints, DNA and more tell us about crime. *Grove Press*, New York.
[3]　菱田繁(監修)(2017)．犯罪捜査科学－捜査・取調・法医・虚偽自白・無罪判決の考証　金剛出版
[4]　桐生正幸(2022)．火災(日本火災学会誌)72(3)，13-18.
[5]　法務省(2022)．法務省パンフレット
　　　https://www.moj.go.jp/content/001318606.pdf　（2024 年 1 月 5 日閲覧）

[6] 田宮裕・廣瀬健二（編）（2017）．注釈少年法 第 4 版 有斐閣

[7] 渡邉悟（2018）．矯正領域 鶴光代・津川律子（編）．シナリオで学ぶ心理専門職の連携・協働－領域別に見る他職種との業務の実際 誠信書房

[8] 田中かおり（2020）．矯正－施設内処遇から社会復帰へ 門本泉（編）（2020）．司法・犯罪心理学－社会と個人の安全と共生をめざす－ ミネルヴァ書房

[9] 緒方康介（2020）．児童福祉－少年非行と児童虐待が交錯する臨床の最前線 門本泉（編）（2020）．司法・犯罪心理学－社会と個人の安全と共生をめざす－ ミネルヴァ書房

[10] 東京都福祉局・保健医療局（2022）．東京都福祉局・保健医療局採用ナビ―児童心理司

https://www.fukushihoken.metro.tokyo.lg.jp/saiyou/service4.html

[11] 茂木洋（2015）．児童福祉臨床における心理職の役割―児童の施設入所前後に留意すること― 四天王大学紀要，59, 55-62.

[12] 越智啓太（2012）．Progress & Application 犯罪心理学 サイエンス社

[13] 厚生労働省（2022）．社会的養護の施設等について

https://www.mhlw.go.jp/stf/seisakunitsuite/bunya/kodomo/kodomo_kosodate/syakaiteki_yougo/01.html

[14] 茨城県警察（2022）．少年サポートセンターについて

https://www.pref.ibaraki.jp/kenkei/a01_safety/youth/center.html

[15] 警察庁（2022）．警察による被害者支援【令和 4 年版】

https://www.npa.go.jp/higaisya/shien/pdf/keisatuniyoruhanzaihigaisyashien_R4.pdf

[16] 藤桂・吉田富二雄（2009）．インターネット上での行動内容が社会性・攻撃性に及ぼす影響：ウェブログ・オンラインゲームの検討より 1) 社会心理学研究，25(2), 121-132.

[17] 太幡直也・佐藤広英（2016）．SNS 上での自己情報公開を規定する心理的要因 1) パーソナリティ研究，25(1), 26-34.

[18] 都筑学・宮崎伸一・村井剛・早川みどり・飯村周平（2019）．大学生における SNS 利用とその心理に関する研究― LINE, Twitter, Instagram, Facebook の比較を通じて― 中央大学保健体育研究所紀要，37, 7-33.

[19] 桐生正幸・蘇雨青・田楊・高橋綾子・島田恭子（2021）．Social Network Service（SNS）を介した未成年者の犯罪被害―母親に対する調査結果について― 東洋大学社会学部紀要，59(1), 71-82.

[20] 桐生正幸（2023）．子どもたちはどのように SNS を利用しているのか 文貞實・山口恵子・小山弘美・山本薫子（編）（2023）．社会にひらく社会調査入門 ミ

ネルヴァ書房，pp.174-188.

[21] 桐生正幸(2023)．ネット詐欺・騙す心理、騙される心理：インターネット上の犯罪心理学　情報教養誌 BAN 2023 年 11 月号，pp.23-29.

[22] Modic, D., Palomäki, J., Drosinou, M., & Laakasuo, M.(2018). The dark triad and willingness to commit insurance fraud, *Cogent Psychology*, 5:1, 1469579, DOI: 10.1080/23311908.2018.1469579.
https://www.tandfonline.com/doi/pdf/10.1080/23311908.2018.1469579
（2023.12.28 閲覧）

[23] 篠原拓也(2017)．保険金詐欺の発生状況：日本と比べて、欧米では保険金詐欺はどうなっているか？　ニッセイ基礎研究所「保険・年金フォーカス」2017-06-13.
https://www.nli-research.co.jp/report/detail/id=55950?pno=2&site=nli
（2023.12.28 閲覧）

[24] Hutterer, C.(2017). *Psychological Drivers of Insurance Fraud, master's Thesis*. Munich, GRIN Verlag.
https://www.grin.com/document/419067　（2023.10.14 閲覧）

[25] 板東大介(2019)．第三者によるモラルリスクと実質的当事者の確定　保険学雑誌，645, 157-186.

[26] 宮根宏一(2008)．モラルリスクに対する法的な対応手段の要件等の研究―累積的な保険加入を伴う不正入院の事案との関係を中心として―　保険学雑誌，602, 89-108.

[27] 坂本貴生(2017)．著しい重複加入による重大事由解除：傷害疾病定額保険にかかるモラルリスク対応　保険学雑誌，638, 23-43.

[28] 日野一成(2020)．火災保険における被保険者関与の放火の推認　鹿児島経済論集，60(4), 739-786.

[29] 山田高弘(2009)．わが国における保険金詐欺の実態と研究―偽装自動車盗難による保険金詐欺を中心に―　保険学雑誌，606, 191-209.

[30] 李芝妍(2020)．韓国における保険詐欺防止対策に関する一考察：保険詐欺防止特別法を中心として　保険学雑誌，651, 217-235.

[31] Ueno D, Arakawa M, Fujii Y, Amano S, Kato Y, Matsuoka T and Narumoto J.(2022). Psychosocial characteristics of victims of special fraud among Japanese older adults:A cross-sectional study using scam vulnerability scale. Front. Psychol. 13:960442. DOI: 10.3389/fpsyg.2022.960442（2022.12.26 閲覧）

[32] 滝口雄太(2019)．疑わしい人は特殊詐欺に遭わないのか？―高齢者に対する意識調査からの検討―　東洋大学大学院紀要，55, 31-49.

[33] 大工泰裕・渡部諭・岩田美奈子・成本迅・江口洋子・上野大介・澁谷泰秀 (2018)．詐欺被害防止のための取り組みの変遷と心理学の貢献可能性：米国における詐欺研究との比較を通して　対人社会心理学研究，18，179-188.

[34] 越智啓太・桐生正幸・萩野谷俊平・島田貴仁・安藤清志(2021)．大会企画シンポジウム「特殊詐欺の心理学」　犯罪心理学研究，59(特別号)，153-156.

[35] 桐生正幸(2022)．特殊詐欺被害者に関する基礎分析　東洋大学社会学部紀要，60(2)，103-112.

[36] 紺野剛史・吉岡隆宏・近野恵・宮原捺希・井手健太・桐生正幸(2022)．特殊詐欺未然防止の検討1―特殊詐欺被害防止に向けた被害者の心理状態予測に関する実証実験―　日本応用心理学会第88回大会発表論文集，p.11.

[37] 高橋和之・伊藤眞・小早川光郎・能見善久・山口厚(編)(2016)．法律学小辞典第5版　有斐閣

[38] 桐生正幸(2020)．ソーシャルメディアを介した未成年の性犯罪について TikTok ニュースルーム「第7回　TikTok Japan セーフティパートナーカウンシル」での講演
https://newsroom.tiktok.com/ja-jp/7th-tiktok-japan-safety-council?lang=ja
(2023.12.28 閲覧)

[39] 桐生正幸(2021)．日本の SNS を起因とした児童の性犯罪に至るオンライン上でのコミュニケーションとプロセスに関する研究　TikTok ニュースルーム「第8回　TikTok Japan セーフティパートナーカウンシル～ SNS を起因とする性被害の防止のために～対策編～」での講演
https://newsroom.tiktok.com/ja-jp/tiktoksafety　(2023.12.28 閲覧)

第8章
危機に向き合う

8.1　リスクを低減する

8.1.1　ゼロリスクはない

　人はふだん無意識のうちに「安全・安心」を優先させる。深夜の帰宅の経路は人通りのない近道よりも明るく人通りのある安全な道を選ぶ、食材は国産のほうが安全だと信じる人は少々価格が高くても国産品を購入し、住まいを選ぶときには利便性や価格を考慮しつつも治安の悪いところや自然災害の多発地域は避けるといったことはよくある。

　このように「安全・安心」を優先した行動によりさまざまなリスク[1]を減らしているのだが、思いもよらない被害に遭うこともある。日ごろから言動に注意していても SNS 上でいわれのない誹謗中傷を受けたり、うますぎる話に気を付けていても詐欺や悪質商法による金銭被害を受けたり、極度に落ち込んでいるときに破壊的なカルト集団からマインドコントロールを受けるようになったり、ストーカー行為、DV、ハラスメントなどで心身ともに傷つけられたりすることがある。他者から攻撃行動を受けるだけでなく、感染症のワクチンを受けて思わぬ副反応が出たり、悪天候で飛行機が欠航して友人の結婚式に間に合わなかったり、津波や豪雨で被災したりするなど、さまざまな環境から健康を害されたり、損害を受けたり、生命を脅かされたりすることがある。

　どんな危険源（hazard）[2]であってもリスクをゼロにすることはできないが、

---

1)　**9.1.1 項**にて詳述。

人類が知恵を絞って、さまざまな対策を講じていくことでリスクを減らしていくことはできるはずである。

8.1.2 危険社会

　ドイツの社会学者ウルリッヒ・ベック（Beck, 1986）は著書 *Risiko gesellschaft* において、現代を「危険社会」と呼んだ。伊藤（2017）は、その特徴を3つにまとめている。第一に、危険源の影響が、場所的、時間的そして社会的に限定できないこと、第二に、責任の所在を特定することができないこと、第三に、補償したり保険をかけたりすることもできないこととしている。たとえば、地球温暖化を危険源として考えるならば、第一に現代の地球温暖化によるリスクは地球全体に及ぼすものであり、範囲が限定されるものではない。第二に、地球温暖化の責任を特定の個人や企業、国に求めることは困難である。第三も然りである。

　一方、村上（2010）は、現実社会では科学的合理性だけで判断のつかないことにぶつかることがあり、社会的合理性の領域で判断しなければならない問題が多々現れてきていると述べている。温暖化の問題についても現在の条件をすべて網羅することはできないし、人間の行動が条件に入ってくると、科学だけでは結論を出せなくなるという。

　地球温暖化の最大の原因は、産業革命以降、石油や石炭などの化石燃料を燃やしてエネルギーを取り出し、経済を成長させてきた結果、排出される二酸化炭素が増え、大気中の二酸化炭素濃度が上昇したことだ、といわれている。環境省のウェブサイト「COOL CHOICE」では、地球温暖化によるここ数十年の気候変動が、人間の生活や自然の生態系に与えてきたさまざまな影響を示している。たとえば、海面水位の上昇によって、沿岸や低平地、小島嶼では、台風による高潮、沿岸域の氾濫、海岸浸食による被害を受けやすくなることや、

---

2)　危険源（hazard）とは「危害を引き起こす潜在的根源」であり、危害（harm）とは「身体的傷害または健康障害、あるいは財産や環境への損害」と定義される（日本リスク研究学会, 2019）。

洪水や干ばつなどによる食料生産への影響などが挙げられている。

　科学的には石油や石炭などの使用をやめればよいわけだが、これらに代わりうるエネルギーの創出がなければ、これまでの経済活動が維持できず、現在の生活レベルも維持できなくなる。そこで、2015 年に、すべての国が参加する形で、2020 年以降の温暖化対策の国際的枠組み「パリ協定」が採択され、世界共通の目標として、世界の平均気温上昇を 2℃ 未満にする（さらに、1.5℃ に抑える努力をする）こと、今世紀後半に温室効果ガスの排出を実質ゼロにすることが打ち出され、社会的合理性の領域での解決が図られようとしている。

8.1.3　自然災害のリスク

　地球温暖化の影響は、場所や時間、社会を問わない。どの地域にも昔から地域特有の自然災害のリスクはあったが、現在、日本では、短時間豪雨（1 時間降水量 50mm 以上）の年間発生回数が増加傾向にあり、また、大気中の水蒸気量が増加することによって、日本付近における台風の強度が強まり、猛烈な台風の存在頻度が増加するという予測もなされている。温暖化によって、以前にも増して、自然災害のリスクは高まっているといえる。

　自然災害を減らすためにも、温暖化対策としての CO_2 などの温室効果ガスの排出量削減は不可欠であり、一人ひとりがエネルギーを節約し、CO_2 排出の少ない交通手段を利用し、食品ロスをなくすなど日々の生活の中で賢明な選択をしていく必要がある。その地道な取組みとともに、今、現実に起きている激甚の自然災害から自身の命を守っていくことも求められている。

8.2　闘争－逃走反応

　人は眼前に危機が迫ったとき、それと戦ったりそれを回避したりするために、身体は自動的にそれに備えて、自律神経の交感神経系が活性化され、エネルギー出力の準備をする。血圧や心拍数が上昇したり、呼吸が速くなったり、瞳孔が広がったり、発汗が増加したり、唾液の分泌が減少したり、エネルギー

供給のために血糖値が上昇したりするなど、「闘争－逃走反応(Fight-or-flight response)」と呼ばれる身体の変化が起きる(Cannon, 1929)。これは、人間に限らず、太古の昔から動物が示す恐怖への反応である。熊に出くわせば、戦うか逃げるか[3]、即座に判断し、行動するだろう。また、津波や火砕流、土石流などが押し寄せてくるのを眼前にすれば、身体がとっさに反応し、飲み込まれないように一目散に逃げるだろう。

人が自然界の脅威にさらされたとき、危機を回避するために最も有効な方法は危険源から遠ざかることであり、その脅威の及ばないところに身を置くための移動行動を行うこと、つまり、逃げることである(広瀬, 1984)。

津波や豪雨のように人が知覚できるものであっても、人がその存在を目の当たりにしてからでは、逃げきれない場合がある。危機を回避できるタイミングで、避難指示などの情報が的確に伝えられなければならない。

近年、天気予報の精度が向上し、気象警報などの情報技術が進歩してきたことから、台風や大雨、暴風などによる自然の脅威から人的被害を防ぐためのさまざまな情報が事前に多種多様なメディアを通じて、より的確に発信できるようになった。

しかし、そういった被害軽減につながる情報伝達がなされても、避難をしなかったり適切な避難行動ができなかったりするなどして、致命的な被害を受ける人もいる。

人は、危険という情報だけでは、逃げるスイッチが入りにくい。危機が差し迫っているとまでは思っていないときに、他人から与えられた危険という情報のみで逃げるという心と体の仕組みを、人はもっていないのである(元吉, 2018)。可視性の高い危険であれば避難するが、可視性が低ければ避難行動に結びつきにくいのである(田崎, 1988)。

---

3) 環境省(2010)によると、近くに熊を見つけたら、熊に背を向けず、熊のほうを見ながらゆっくり後ずさりして逃げること、熊に出くわしたら、熊が立ち去ってからその場を離れること、突発的に襲われたら、両腕で顔や頭をガードして大けがをしないようにすることが基本とされている。

8.3 危機管理

8.3.1 リスクマネジメントとクライシスマネジメント

　危機管理（crisis management）という言葉がある。阪神・淡路大震災やオウム真理教による地下鉄サリン事件が起きた1995年ごろから社会的に注目を浴びるようになり、2001年の9.11米国同時多発テロ事件をきっかけに定着してきたといわれている（吉井・田中，2008）。危機管理における「危機（crisis）」とは「特定の主体（個人・家族・企業など）や社会（地域・国など）にとって、その存在を大きく脅かす事態（イベント）が突然発生・継続している、もしくは切迫している状態」を意味する（吉井，2008）。

　日本では、危機管理がリスク管理（risk management）を含む概念として扱われることがあるが、英語では「リスクマネジメント（risk management）」と「クライシスマネジメント（crisis management）」は区別されている。危機管理における危機の概念を、危機の発生する前の状態のリスクと、危機が発生した後のクライシスに区別する。「リスクマネジメント」は危機が発生する以前の段階で、その危機の発生を防ぐための対策を意味し、そのための事前の社会教育や合意形成のことを「リスクコミュニケーション（risk communication）」と呼ぶ。「クライシスマネジメント」は危機が発生した段階で、その危機による被害を最小限に食い止めるための事後対応のことを意味し、危機が発生した後の緊急時の情報伝達のことを「クライシスコミュニケーション（crisis communication）」と呼んでいる（福田，2022）。

　本章では、以下、クライシスコミュニケーションのあり方を中心に学んでいく。

8.3.2 クライシスコミュニケーション

　たとえば、福田（2022）は東日本大震災の大津波警報を例にして、クライシスコミュニケーションの過程を、次の①〜④の4段階に分けて示している。

① 送り手である政府や自治体が政策を決定する。

② メディアがその情報を伝達する。

③ 受け手である国民や住民に心理的な反応が起きる。

④ ③の効果・影響としての対応行動が現れる。

火災は目で見ることができ、地震は体で知覚することができるが、原子力発電所の事故によって放出された放射性物質や新型コロナウィルスのようなウィルスそのものは直接見たり感じたりすることができない。特に、人の感覚では直接とらえられない危機を避けるには、政府や自治体など信頼のおける機関からの公式な情報伝達が不可欠である。危険源が身近に存在するという情報が伝えられてはじめて避難することができる。

人々の対応行動によって死傷者や行方不明者など人的被害が出なければ、そのクライシスコミュニケーションは成功だといえるだろう。情報伝達というクライシスコミュニケーションについて、情報の送り手と受け手とに分けて考えることにする。先のモデルの①，②の段階には、情報の送り手である、政府や自治体、メディア関係者の情報発信に関する課題があり、③，④の段階には、情報の受け手である一般の人々の認知や行動に関する課題がある。

8.4 避難情報の送り手と受け手

8.4.1 「避難情報に関するガイドライン」における警戒レベル

さて、災害が予想されるときに出される避難情報は、1961年に制定された災害対策基本法に基づいて、河川氾濫、土砂災害、高潮、津波、火山噴火および原子力災害など、日本各地で発生する災害時に、居住者、滞在者その他の者（以下「居住者等」という）の適切な避難を促すために市町村長より発令される。

内閣府が策定した「避難情報に関するガイドライン」（2021）では、災害発生のおそれの高まりに応じて警戒レベルを1から5までの5段階に分類し、各段階で「居住者等がとるべき行動」を示している（表8.1）。警戒レベル1または2においては、気象庁が早期注意情報や大雨・洪水・高潮注意報を発表するが、

表8.1 警戒レベルの一覧表（周知・普及啓発用）

警戒レベル	状況	住民が取るべき行動	行動を促す情報
5	災害発生又は切迫	命の危険　直ちに安全確保	緊急安全確保[※1]
〈警戒レベル4までに必ず避難！〉			
4	災害のおそれ高い	危険な場所から全員避難	避難指示[(注)]
3	災害のおそれあり	危険な場所から高齢者等は避難[※2]	高齢者等避難
2	気象状況悪化	自らの避難行動を確認	大雨・洪水・高潮注意報（気象庁）
1	今後気象状況悪化のおそれ	災害への心構えを高める	早期注意情報（気象庁）

※1 市町村が災害の状況を確実に把握できるものではない等の理由から、警戒レベル5は必ず発令されるものではない

※2 警戒レベル3は、高齢者等以外の人も必要に応じ、普段の行動を見合わせ始めたり危険を感じたら自主的に避難するタイミングである

（注）避難指示は、令和3年の災対法改正以前の避難勧告のタイミングで発令する

警戒レベル3〜5においては、市町村長が避難情報等を発令する。警戒レベル3では「高齢者等避難」を、警戒レベル4では「避難指示」を、警戒レベル5では「緊急安全確保」を発令する。なお、津波については、突発的に発生する災害であり、災害の切迫度が段階的に上がる災害ではないため警戒レベルを付さないこととしている。

8.4.2　誤警報とオオカミ少年効果

悩ましいことに、避難情報の送り手側の判断がいつも正しいとは限らない。避難指示の発令の判断であれば、2種類の過誤が存在する。表8.2は、避難指示の発令の有無と災害の発生の有無とで4分割して判断の正誤を表したものである。第1の誤りは、発令したが実際には予告された災害が発生しなかった誤警報、いわゆる「空振り」になる場合である。第2の誤りは、逆に、発令しなかったが実際には災害が発生した「見逃し」になる場合である。

誤警報が繰り返されると、警報に対する信頼性が失われ、警報が発令されて

表8.2　避難指示発令の判断における2種の過誤

		災害の発生	
		あり	なし
避難指示の発令	あり	正しい判断	誤警報(空振り)
	なし	見逃し	正しい判断

も避難行動がなされなくなることがある。このような防災・減災行動を妨げる誤警報の効果をそのまま誤警報効果(false alarm effect)と呼んだり、オオカミ少年効果(cry wolf effect)と呼んだりする。

　たとえば、火災報知器の誤作動を何回も経験すると、オオカミ少年効果により、そのうち火災報知器が鳴っても驚きもせず、どうせまた誤警報だろうと思って、防災や減災のための行動をしなくなる人も少なくないだろう。

　避難指示の発令のないまま災害が発生してしまう「見逃し」よりは、誤警報のほうがマシだと考えることができるかもしれない。しかし、誤警報も多くなればオオカミ少年効果により結局は防災・減災行動を妨げ、結果的に人的被害を増やすことになりかねない。

8.4.3　避難情報の送り手の判断

　前述の「避難情報に関するガイドライン」には、避難情報の送り手側が参考にすべき、避難情報の発令基準の設定手順や発令基準例なども記されている。

　避難情報の発令基準は平時よりさまざまな状況を想定して設定しておくべきだとする。緊急時に避難情報の発令対象区域や発令タイミングの判断に迷わないよう、また、「空振り」の事態をおそれずに避難情報を発令できるよう、発令基準の設定は不可欠である。

　もし、避難情報の発令対象区域の絞り込みをせず、水害、土砂災害、高潮災害のいずれの災害リスクも想定されていない安全な地域の居住者等にまで避難情報を発令することになれば、避難のための混雑や交通渋滞が発生するおそれ、高齢者などの身体的負担となるおそれ、避難情報に対する信頼性を損ねるおそ

れなどがあることを指摘している。

　また、発令のタイミングも重要である。警戒レベル4相当情報の発表から災害発生までの目安時間について、一概にはいえないものの、基本的には2〜3時間程度と想定している。この時間を長くするために、より早いタイミングから警戒レベル4相当情報の発表を行うこととした場合、警戒レベル4相当情報の発表頻度が高まり、「空振り」の頻発が懸念される。逆に、時間が短すぎれば時間内に避難が完了しない可能性が高くなる。

　情報の送り手側は、「空振り」をおそれてはならないが、かといって「空振り」の頻発も避けなければならず、難しい判断を迫られることになる。事前のきめ細やかな発令基準の設定が重要である。

8.4.4　避難情報の受け手の判断

　避難情報を市町村長が発令する際に、住民がとるべき行動について、警戒レベル3では、「危険な場所から高齢者等は避難」という文言を使用し、警戒レベル4では、「危険な場所から全員避難」という文言を使用することが推奨されている。

　「避難情報に関するガイドライン」によると、「危険な場所から」という表現を付す理由は、警戒レベル4でいうなら、単に「全員避難」とした場合に、必ずしも指定緊急避難場所などに立退き避難する必要がない居住者などまで立退き避難という行動をとるおそれや、「住民全員避難」という漠然とした呼びかけと受け止められ情報に対する信頼感を損ねるおそれがあるからだとしている。危険な場所にいる人だけが避難すべきであることを明確にするための表現なのだが、「危険な場所から」という表現を付すだけで、上述の意味をくみ取るのは難しい。

　警戒レベル4における「危険な場所から全員避難」という文言を分解して説明すると次のようになる。

- 「危険な場所」とは、「災害リスクのある区域等」のうち、立退き避難が必要であると考えられる場所のことをいう。

- 「全員」とは、「危険な場所」にいる居住者など全員のことをいう。
- 「避難」とは、「立退き避難」[4]のことをいう。ただし、「屋内安全確保」[5]を促したい場合には、「自宅が安全なら屋内安全確保」などの文言を合わせて用いることも示されている。

なお、災害社会学では避難を退避と分けて考える。単に難を逃れるだけでなく、危険を避けるための移動を伴うものが避難(evacuation)であり、有毒ガスを避けて屋内に入ったり、洪水で1階が水没したので2階に上がったりすることは退避(shelter)とされる(中村，2008)。

クライシスコミュニケーションにおいて、警戒レベル4の避難指示の情報の受け手は、危険な場所かどうかを自分たちで判断し、同居者全員で避難するか否かを決定しなければならない。送り手側が熟慮のうえ発令した「避難指示」に対して、受け手側も難しい判断を迫られることになる。

8.5　災害時の避難行動モデル

広瀬(1984)は避難行動の意思決定過程を次のように整理している。

まず、危険を告知する何らかの情報が個人に到達するところから始まる。

次に、第2段階として、自分自身および家族の生命・財産がどの程度危険にさらされているかについての判断が行われる。

その結果、自分およびその周辺に危険が及ぶと判断されると、第3段階とし

---

4) 当該ガイドライン「2.3.1 立退き避難」では、「(前略)居住者等が、自宅・施設等にいては命が脅かされるおそれがあることからその場を離れ、災害リスクのある区域等の外側等、対象とする災害に対し安全な場所に移動することが「立退き避難」であり、災対法第60条第1項に規定される避難行動の基本である。なお、「立退き避難」は、自らが居る建物から離れ避難するという意味で「水平避難」と呼称される場合もあれば、浸水から身を守るため上の方に避難するという意味で「垂直避難」と呼称される場合もある。」と説明する。
5) 当該ガイドライン「2.3.2 屋内安全確保」では、「災害から身の安全を確保するためには災害リスクのある区域等からの「2.3.1 立退き避難」が最も望ましいが、洪水等及び高潮に対しては、住宅構造の高層化や浸水想定(浸水深、浸水継続時間等)が明らかになってきていること等から、災害リスクのある区域等に存する自宅・施設等であっても、ハザードマップ等で自ら自宅・施設等の浸水想定等を確認し、上階への移動や高層階に留まること(待避)等により、計画的に身の安全を確保することが可能な場合がある。この行動が「屋内安全確保」であり、居住者等が自らの確認・判断でとり得る行動である。(後略)」と説明する。

て、避難行動を行うことに伴う危険が評価され、避難する場合よりもしない場合の危険のほうが大きいと判断されてはじめて避難行動が始動する。例えば、避難指示が発令されたときに、すでに大雨になっていれば、その状況下で避難するほうが危険なのか、それでも避難しなければ身に危険が及ぶのかを判断しなければならない。

田崎(1988)は、避難行動には、以下の3つが関係するという。

① 脅威の大きさ
② 脅威が自身に迫ってくる可能性の予測
③ 避難のために必要なコスト

上記③の避難のためのコストには、金銭的コストだけでなく時間的コストも認識される。避難のためには、避難先と移動手段の確保が必要である。自治体の用意した避難場所が近くにあったとしても、特に高齢者や乳幼児、障害者といった災害弱者が避難するには時間がかかる。さらに、避難先が遠ければ、災害弱者が歩いて避難することが困難な場合がある。自家用車やタクシーを利用できればよいが、そうでない場合は近所との連携や自治体の支援が必要になる。

また、災害社会学の立場から、中村(2008)は、避難の主要因を「危険[6]の認知」と「社会的要因」という2つのタンクに分け、両方のタンクから避難のバケツに水が注がれ、あふれれば避難が起きる、という避難の「オーバーフロー・モデル」を提唱している(**図 8.1**)。そこでは、避難の決定や実行には「危険の認知」と「社会的要因」のいずれの要素でも、それらが総体として十分に高まる必要があると述べている。

「危険の認知」は災害警報や災害の前兆、直接的来襲によって喚起されるもので、2段階で認知されるという。第1段階では、大きな危険が存在するという認知がなされ、「災害スイッチ」が入って災害モードに入り、第2段階では、それが自分に迫りつつあるという認知がなされ、「個人化(personalization)」が起き、そのことが避難に至るうえで重要だと述べている。この点に関しては、

---

6)　ここでの危険は「危機(クライシス)」と読み替えられる。

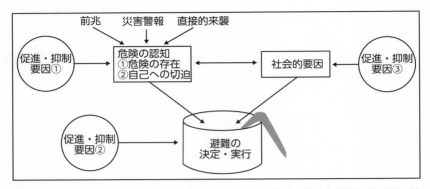

出典）　中村功(2008)．避難と情報　吉井博明・田中淳(編)．災害危機管理論入門—防
災機器管理担当者のための基礎講座—（p.158, 図 1）　弘文堂
図 8.1　避難のオーバーフロー・モデル

広瀬の第 1 と第 2 段階の区分や、田崎の①と②の区分と同様の考え方である。
　一方、「社会的要因」として、例えば、消防団や地域の人に避難を呼びかけ
られて周囲に迷惑をかけられないと思ったり、家族の誰かが不安がって避難を
望めば放っておけなかったりするなど、地域社会や家族との関係性が避難を促
進することがある。また、近所の人たちが避難を始めると、それに同調する形
で避難が促進される。
　さらに、中村(2008)は危険認知による避難を、意思決定のパターンから**表
8.3** の 5 つに分類している。
　避難を決定するには、そもそも、適切で実行可能な避難行動に関する知識を
もっているかどうかが重要である。単に危険だと認知していても、どのように
行動すべきかがわからなければ、避難行動にはつながらない。また、ふだん地
域とのつながりが希薄な場合には、社会的要因が作用しにくいことも予想され
る。表 8.3 の第 3 の「自信のない避難者」や第 4 の「保留的な非避難者」の場
合は避難行動の知識に欠ける可能性がある。少なくともまずは、同居者全員が
避難する場合を想定して、どこを避難場所とし、そこへどのような方法で避難
することができるのかを平時に具体的に決めておく必要がある。避難をするか

表 8.3 避難の意思決定のパターン

	意思決定パターン	概要
1	習慣的避難者	ある事象が起きたらすぐに避難すると、はじめから決めている。
2	情報処理的避難 / 非避難者	フローチャートのように、さまざまな状況を考慮して避難するかしないかを決める。
3	自信のない避難者	危険性は感じつつも、避難の決定ができず、他に促される形で避難する。
4	保留的な非避難者	危険性を感じつつも、避難の決定を保留しているうちに逃げ遅れる。
5	確信的非避難者	自宅は安全だとして、はじめから避難しないことを決めている。

しないかには、そういった行為スクリプト[7]があるかないか、その避難行動の実行可能性の認知や時間の切迫性も関係してくる（池田，1988）。

8.6 東日本大震災時の津波からの避難行動

東日本大震災記録集（消防庁，2013）によると、2011 年 3 月 11 日の東日本大震災における死者の約 9 割が溺死であったと記されている。（2012 年 9 月 6 日の警察庁広報資料）。また、岩手県、宮城県、福島県の 3 県合計の 2012 年 8 月 31 日時点での年齢別死亡の割合は 65 歳以上が 56.35% を占めており、津波から逃げ遅れて死亡した高齢者が多かったと記されている。

津波が防波堤や防潮堤を超えて押し寄せてきたわけで、ハードウェアによる防御を破られてしまえば、個々人の避難行動の計画が適切で、かつ、それが首尾よく達成できたかどうかが生死を分けることになる。

ウェザーニュースの津波調査（2011 年 5 月 18 日 〜 6 月 12 日）によると、津波で亡くなった方の 21% が避難をしておらず、避難しなかった方は 60 代以上

---

7) スクリプトは、「特定の状況における適切な事象の連鎖を記述した構造をもち、入力情報を事象の全体構造に関連づけることによって、意味理解や予測に必要な背景となる知識を提供する」ものである（誠信 心理学辞典［新版］「スクリプト」）。行為スクリプトは、とるべき行動の台本のようなものである。

の比較的高い年齢層が多かった。体力的に避難が困難な方が多かったことも推察されたが、生存者の調査協力者による推測では、亡くなられた方が避難しなかった理由として最も多かったのは「自分のいる場所が安全だと思った」という回答であった。避難した生存者と、避難したと推察される亡くなった方とを対象にして、「避難開始のきっかけ」が何かを調べた結果、図8.2のように、生存者も亡くなった方も、最も多かったのは「大津波警報／津波警報」の情報であった。「避難指示や避難勧告」が発令される前に、「危険の認知」がなされたことがわかる。次いで多かったのは、両者とも「大きな地震だったから」であった。津波警報を待っていたら間に合わないかもしれないと「自らの判断」により、大地震の発生ですぐに避難行動を開始した人たちである。生存者の第3位は「ほかの人に避難を促された」からで、「社会的要因」がきっかけとなっている。亡くなった方の第3位は「津波が見えた」からで、危険の情報だけでは逃げるスイッチが入らず、「危険源に気づくこと」によって避難開始をした人たちであった。生存者よりも亡くなった方のほうが避難開始に若干の遅れがみられるが、生存者と同じきっかけで避難行動を開始した人たちも少なくない。その人たちの生死を分けたものは何だったのだろうか。

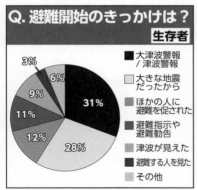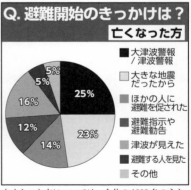

生存者は、「避難をしていない」という回答を除き、さらに「わからない」「無回答」を省いた1853名が対象。

亡くなった方については、全体の1998名のうち、避難したと推察され、「わからない」「無回答」を省いた692名が対象。

図8.2　東日本大震災における避難開始のきっかけ

　この調査では、生存者の 4 人に 3 人が安全な場所に避難できたが、亡くなった方の 4 人に 3 人が安全な場所に避難できなかったことが示された。さらに、亡くなった方が津波から逃げきれなかった理由を生存者に複数回答可で推測してもらった結果、「避難経路に渋滞やがけ崩れなど障害があった」という理由が最も多かった。

　避難行動を速やかに始めたとしても、津波到達までの時間が切迫する中、安全な避難場所まで必ずしも到達できるとは限らないことが示された。車での避難の際には、複数の避難ルートを把握しておくことが重要である。また、高齢者などの災害弱者が徒歩で避難する場合、若い人たちと同じ速さで逃げることはできないため、安全な場所にたどり着くまでにより多くの時間がかかる。しかも、8.4.1 項で示したとおり、津波は突発的に発生する災害であるため、表 8.1 のような警戒レベルに沿って段階的に指示を出せる時間的余裕はない。避難行動の遅れが致命的になることを再認識する必要がある。

8.7　正常性バイアス

8.7.1　平成 30 年 7 月豪雨における被害拡大要因

　平成 30 年 7 月豪雨災害では、河川の氾濫や洪水、土砂災害などによって多くの被害が発生した。令和元年版 防災白書によると、死者 237 名(広島県 115 名、岡山県 66 名、愛媛県 31 名、他府県 25 名)、行方不明者 8 名、重軽傷者 432 名であった(消防庁情報、平成 31 年 1 月 9 日現在)。2018(平成 30)年の本豪雨では、西日本での被害が大きかったこともあり、「西日本豪雨」と呼ばれることもある。

　1983(昭和 58)年 7 月豪雨以来、死者数が 100 名を超えるような豪雨災害は発生していなかっただけに、2018 年の豪雨による被害が近年まれにみる大災害であったことがわかる。その原因は、広範囲にわたる記録的な大雨が引き起こした河川の氾濫、土砂災害などであるのだが、被害を拡大させた要因の一つとして、避難行動を促す情報が出されたにもかかわらず、適切な避難行動が行

われなかったことが上述の白書に報告されている。

　中央防災会議 防災対策実行会議(2018)は、平成 30 年 7 月豪雨災害で避難勧告、避難指示(緊急)を発令した全国の自治体を対象とした調査で、「自治体により避難所に避難していることが確認された人数は避難勧告等対象人数に対し、約 0.5%であった。」ということを報告している。このことが、住民が適切な避難行動を行わなかったという根拠の一つとなっていると考えられる。さらに避難行動を起こさなかった理由として、避難行動への負担感、これまでに被災した経験がなかったこと、自分は大丈夫だという思い込みをもたらす正常性バイアスなどが避難行動を妨げたと指摘している。

　「正常性バイアス」とは、"normalcy bias" の訳で「正常化の偏見」などと訳されることもある。これは認知の歪みの一つだといわれることもある。

8.7.2　正常性バイアスという現象

　正常性バイアスは現象としては 1950 年代から指摘されていた(中村，2008)が、アメリカ科学アカデミー(邦訳，1976)によると、正常性バイアスは、たとえば、予報を信じなくてもよいような情報、危機を最小化し、状況を楽観視させてくれるような情報なら何でも受け容れる傾向を示すとしている。地震予知のように、物理的環境の変化をすぐさま観察できるような状況にない場合には、正常性バイアスがより働きやすくなる。

　正常性バイアスという現象は、さまざまに説明されるが、広瀬(1984)は正常性バイアスを「正常への偏向」と言って、2 つのパターンを示している。

　第 1 のパターンは、異常な事態を告知する現象(例えば、警報や前兆現象など)を日常的枠組に押し込めて、異常性を減殺してとらえるというもので、第 2 のパターンは、極度に大きな危険の存在が告知されても、その告知に曖昧性があれば、その曖昧性が許容する範囲で危険度を低く評価する傾向にあることをいう。

　言い換えると、第 1 のパターンは、異常事態が発生して、危機が迫っていることを知った後も平常どおりの判断や解釈を続け、事態を楽観視することであ

る。誰もが平穏な日常生活をやめ、非日常に移行するのを避けたいのは当然である(竹田，2006)。また、第2のパターンは、危険を過小評価することによって心的バランスを保とうとする自己防衛的な心理であり、藤田(2021)は一種の自我防衛機制であるという。

　中村(2008)は、正常性バイアスは必ずしも理論的に構成された概念ではなく、一連の現象を表す言葉であり、次のような7つの心理作用が働いていると説明する。

① 　危険情報を信じない(disbelief)、拒否(denial)する態度

② 　楽観視

③ 　知識の欠如

④ 　他人事と考える心理。自分だけは大丈夫と思うこと、個人化の失敗である。

⑤ 　行動の消極性であり、危険情報を得ても何もしようとしないこと

⑥ 　いつもの行動を継続しようとする傾向。阪神淡路大震災の朝には、大きな被害が出る中、いつものように出勤しようとする人が少なくなかったのである。

⑦ 　オオカミ少年効果

　矢守(2009)は、正常性バイアスは結果論であって、意思決定の際に起きる認知バイアスととらえることに異論を唱える。正常性バイアスは、事前(例えば、避難指示が発令されていたこと)および事後(例えば、それにもかかわらず多くの住民が避難しなかったこと)を知った後に、一連の経緯を事後的に意味づけるプロセスが大きく関与して成立すると述べている。

　「避難情報に関するガイドライン」では「1.2　居住者等が持つべき避難に対する基本姿勢」において、「避難行動への負担感、過去の被災経験等を基準とした災害に対する危険性の認識、自分は災害に遭わないという思い込み(正常性バイアス)等によって避難行動をとるタイミングを逸することのないよう、行政から提供される避難情報や防災気象情報のほか水位情報や画像情報等のリアルタイム情報等を自ら確認し、適時的確に避難行動をとるべきである。」と

いう一項目を設けて「正常性バイアス」について注意を促している。

　少なくとも、正常性バイアスという現象を知り、意思決定に際して自分自身がそのような状態に陥っていないかを確認することは重要である。特に、表8.3 の第 3 の「自信のない避難者」や第 4 の「保留的な非避難者」、さらには第5 の「確信的非避難者」も、正常性バイアスを認識し、事前に適切で実行可能な避難行動に関する知識を学ぶべきであろう。ハザードマップで自宅や勤務先・通学先など日常生活において自らが居ることが多い場所にどんな危険が存在するのかを確認し、いざというときの避難先を決め、実行可能な避難方法・避難するタイミング・避難時の持ち物を決めておくことが必要である。

8.8　平成 30 年 7 月豪雨における倉敷市真備町のクライシスコミュニケーション

8.8.1　避難情報の送り手

　2018 年の豪雨では、災害発生前の早くから「大雨特別警報[8]」を発表する可能性があるとの報道がマスメディアによってなされていた。気象庁によると、特別警報が対象とする現象は、「18,000 人以上の死者・行方不明者を出した東日本大震災における大津波や、我が国の観測史上最高の潮位を記録し、5,000人以上の死者・行方不明者を出した『伊勢湾台風』の高潮、東日本の広い範囲で河川の氾濫等による甚大な被害をもたらし、100 人以上の死者・行方不明者を出した『令和元年東日本台風』の大雨等」が該当する。

　岡山県倉敷市では、2018 年 7 月 6 日夜遅くから地域を絞って避難勧告や避難指示(緊急)が発令され始め、倉敷市に大雨特別警報が繰り返し出されていた

---

8)　気象庁によると、「特別警報」とは、警報の発表基準をはるかに超える大雨や、大津波などが予想され、重大な災害の起こるおそれが著しく高まっている場合に発表し、最大級の警戒を呼びかけるものであり、平成 25 年 8 月 30 日から運用している。大雨特別警報の発表基準は、「台風や集中豪雨により数十年に一度の降雨量となる大雨が予想され、若しくは、数十年に一度の強度の台風や同程度の温帯低気圧により大雨になると予想される場合」とされている。

表8.4 7月6・7日の行政対応

	日	時刻	行政の対応
①		19:30	避難勧告「土砂災害」(倉敷市全域の山沿い)
②		22:00	避難勧告「小田川水位上昇」(真備地区全域)
③	6日	22:40	倉敷市に大雨特別警報 (土砂災害)
④		23:10	倉敷市に大雨特別警報 (土砂災害、浸水害)
⑤		23:45	避難指示 (緊急)「小田川右岸氾濫のおそれ」(真備町小田川南側地域)
⑥		00:00	避難勧告「高梁川の急激な水位上昇」(中洲小・万寿小・倉敷東小・菅生小学校区)
⑦		00:47	国土交通省が小田川右岸で堤防から水があふれているという緊急速報メールを配信
⑧	7日	01:30	避難指示 (緊急)「高馬川の越水と小田川からの水の流れ込み」(真備町小田川北側地域)
⑨		01:30	避難勧告「足守川水位上昇」(矢部・日畑地区)
⑩		04:00	避難指示 (再周知) (真備町)、避難指示 (緊急)「土砂崩れ発生」(広江6・7丁目)
⑪		04:25	倉敷市に大雨特別警報 (土砂災害、浸水害)
⑫		10:33	倉敷市に大雨特別警報 (土砂災害、浸水害)
⑬	8日	14:30	倉敷・児島・水島・玉島・船穂地区の避難情報解除

(表8.4)。7月7日朝までに小田川とその支流の高馬川などの堤防が決壊し、倉敷市真備町は広範囲が冠水し、51名が亡くなった。

7月6日から7日にかけての行政対応は表8.4のとおりであった(倉敷市, 2019・岡山地方気象台, 2018・中央防災会議 防災対策実行会議, 2018)。避難情報はおおむね適切に発令されていたといえるだろう。

倉敷市全体に大雨特別警報(土砂災害、浸水害)が出された後、小田川南側地域に避難指示(緊急)(表8.4 ⑤)が北側(表8.4 ⑧)よりも先に発出されたのは、小田川は南側の堤防高のほうが低いため北側よりも南側の越水が先に発生する

おそれがあると判断されたからである。

　しかし、実際には小田川の堤防決壊は北側の 2 カ所であり、支川の合流点下流側であった。また、支川に関しても小田川の北側の支川である末政川で 3 カ所、高馬川で 2 カ所、大武谷川で 1 カ所の堤防決壊があり、小田川の南側での堤防決壊は支川の真谷川で 1 カ所だけであった。

　推定破堤時刻は、最初に 7 月 7 日 0 時ごろに高馬川 1 カ所と末政川 1 カ所が、次に同日 3 時過ぎに小田川 1 カ所が、同日 7 時前後に末政川 2 カ所が決壊した。そのほかの決壊カ所も大武谷川を除いて、住民証言や周囲の浸水状況から 7 月 7 日未明に決壊したと推定された(二瓶, 2019)。

　2018 年の豪雨での浸水範囲は、真備地区のハザードマップで示されている浸水想定区域とおおむね一致し、小田川の北側に偏っていた。また、真備地区全域への避難勧告は 6 日 22:00 に出され(表 8.4 ②)、真備町南側地域に避難指示(緊急)も同日 23:45 には出されていたが、真備町北側地域に避難指示(緊急)が出されたのは 7 日未明の 1:30 であった(表 8.4 ⑧)。すでに真備町北側地域では堤防が 2 カ所決壊していた時間帯である。有効な避難情報を、有効な地域に限定して、有効な時刻に届けることが容易でないことがわかる。

8.8.2　避難情報の受け手

　平成 30 年 7 月豪雨災害に関する調査では、避難勧告等対象人数に対して避難所に避難した人数が約 0.5 ％であったことは、8.7.1 項で示したとおりである。一方、倉敷市(2019)によると、倉敷市が真備町在住の世帯に行った調査では、56.9 ％(有効回答数 1,191 人中 678 人)が自宅以外の場所に避難したと回答した。つまり、5 割以上の人が避難行動をとっていたことになる。避難を開始した時刻は 23 時台が 25.4 ％で最も多く、次いで 22 時台の 15.2 ％、その次に深夜 0 時台の 8.2 ％が続いた(有効回答数 551 人)。夜遅い時間帯であったにもかかわらず、表 8.4 の②の避難勧告の発令直後の 22 時台、④の浸水害の大雨特別警報が新たに出された 23 時台に避難する人が多かった。倉敷市真備町での現地調査による住民のヒアリングでは、避難勧告の発令直後に多くの住民が避難所に

避難したことや、その後に道路の渋滞などが発生したことなどが確認されている。この調査結果は避難所以外の場所に避難した人も含まれるが、全国の避難所への避難者のみの割合の 0.5％に比べ、真備町の避難行動率は 100 倍以上である。

倉敷市真備地区では、河川の上流地域よりも降雨量が少なかったにもかかわらず、住民は、避難勧告などの行政が発令した避難情報や岡山地方気象台が発表した大雨特別警報などがきっかけとなって住民の避難行動につながったと考えられる。真備地区ではクライシスコミュニケーションが比較的うまく機能したといえるだろう。

それでも、真備地区において亡くなられた方は 51 名いる。その多くが高齢の方で、ご自宅で亡くなられた方が 8 割を超えている。亡くなられた方のうち、要支援・要介護の方の割合は約 35％であった。災害弱者といわれる方々が、適切な避難行動をすることができず亡くなったといえる。

また、自宅に留まって 2 階へ避難するなどした結果として浸水した建物から自衛隊・消防・警察などにより救助された方が約 2,350 名以上にのぼっている。避難行動をとることと災害弱者の支援の必要性を示す事例といえるだろう。

8.9　自助・共助・公助

中央防災会議 防災対策実行会議 (2018) は、報告書の最後に、平成 30 年 7 月豪雨災害が、「行政主導の避難対策の限界を明らかなものとし、国民一人ひとりが主体的に行動しなければ命を守ることは難しい」と述べ、「避難するかしないか、最後は『あなた』の判断です。皆さんの命は皆さん自身で守ってください。」とも記載している。そして、「本報告が、国民全体の共通理解のもと行政主導の避難対策から住民主体の避難対策への転換点となり、激化する気象現象に対し住民一人ひとりが『自らの命は自らが守る』意識を持ち自らの判断で行動する社会が構築されることを期待する。」と締め括っている。

災害対策には、自分自身や家族の身の安全を自ら守る「自助 (一人ひとりの

役割）」、地域の人たちと助け合う「共助（地域の役割）」、市町村、消防、警察、自衛隊などが公的に救助や支援を行う「公助（行政の役割）」の3つがあるが、最終的には「自らの命は自らが守る」自助が強調されている。

　自然災害のリスクはゼロにはならない。私たち一人ひとり、身体能力に違いがあり、住む場所にも家族構成や同居者にも違いがあり、選択する避難場所にも可能な移動手段にも違いがある。平時からそれぞれの状況に応じた危機管理をしておき、災害時に迷うことなく適切な対応をとれるようにすることが重要である。

　一方、進化する科学技術の防災・減災への活用や、一人ひとりの日々の地道な地球温暖化対策が自然災害のリスクを減らすことも忘れてはならない。

第8章の引用・参考文献

[1]　Beck, U.(1986). *Risiko gesellschaft*, Frankfurt, Suhrkamp Verlag, Frankfurt am Main.（ウルリッヒ・ベック，東廉・伊藤美登里（訳）(1998)．危険社会―新しい近代への道　法政大学出版局）

[2]　Cannon, W. B.(1929). *Bodily changes in pain, hunger, fear, and rage*. New York: Appleton-Century=Crofts.

[3]　中央防災会議 防災対策実行会議(2018)．平成30年7月豪雨を踏まえた水害・土砂災害からの避難のあり方について（報告）(p.5, 28, 33, 参考資料3) Retrieved from
https://www.bousai.go.jp/fusuigai/suigai_dosyaworking/pdf/honbun.pdf
https://www.bousai.go.jp/fusuigai/suigai_dosyaworking/pdf/dai2kai/sankosiryo3.pdf
（2023年4月14日）

[4]　藤田政博(2021)．バイアスとは何か　筑摩書房

[5]　福田充(2022)．リスクコミュニケーション―多様化する危機を乗り越える―　平凡社，p.20, pp50-51.

[6]　広瀬弘忠(1984)．生存のための災害学：自然・人間・文明　新曜社，p.102-111.

[7]　広瀬弘忠(2004)．人はなぜ逃げおくれるのか―災害の心理学―　集英社，p.13.

[8]　池田謙一(1988)．災害時におけるコミュニケーションと意思決定　安倍北夫・三隅二不二・岡部慶三（編）自然災害の行動科学　福村出版，pp.150-167.

[9]　伊藤美登里(2017)．ウルリッヒ・ベックの社会理論―リスク社会をいきるとい

うこと―　勁草書房．pp.19-20.

[10]　環境省(2015)．COOL CHOICE Retrieved from
https://ondankataisaku.env.go.jp/coolchoice/ （2023 年 4 月 9 日）

[11]　環境省自然環境局野生生物課(2010)．クマに注意！－思わぬ事故をさけよう
Retrieved from
https://www.env.go.jp/nature/choju/docs/docs5-4a/kids/full.pdf

[12]　菊池聡(2018)．災害における認知バイアスをどうとらえるか―認知心理学の
知見を防災減災に応用する―　日本地すべり学会誌．55(6)．286-292.

[13]　気象庁(2013)．特別警報について　Retrieved from
https://www.jma.go.jp/jma/kishou/know/tokubetsu-keiho/index.html
（2023 年 4 月 14 日）

[14]　倉敷市(2019)．平成 30 年 7 月豪雨災害　対応検証報告書（pp.34-38, 39)
Retrieved from
https://www.bousai.go.jp/fusuigai/suigai_dosyaworking/pdf/kurashikikensyou.pdf
（2023 年 4 月 14 日）

[15]　元吉忠寛(2018)．災害の心理　土田昭司（編）安全とリスクの心理学―こころ
がつくる安全のかたち―　培風館．pp.59-87.

[16]　村上陽一郎(2010)．人間にとって科学とは何か　新潮社

[17]　内閣府(2019)．令和元年版防災白書　Retrieved from
https://www.bousai.go.jp/kaigirep/hakusho/h31/honbun/0b_1s_02_01.html
（2023 年 4 月 13 日）

[18]　内閣府(防災担当)(2021)．避難情報に関するガイドライン（令和 4 年 9 月更
新），(p.10, p34)　Retrieved from
https://www.bousai.go.jp/oukyu/hinanjouhou/r3_hinanjouhou_guideline/
pdf/hinan_guideline.pdf　（2022 年 10 月 1 日）

[19]　中村功(2008)．避難と情報　吉井博明・田中淳（編）災害危機管理入門―防災
機器管理担当者のための基礎講座―　弘文堂．pp.153-176.

[20]　National Academy of Sciences(U. S.)(1975). *Earthquake Prediction and
Public Policy.* (アメリカ科学アカデミー（編），力武常次（監修），井坂清（訳)
(1976)．地震予知と公共政策―破局を避けるための提言　講談社．p.94.

[21]　二瓶泰雄(2019)．小田川における洪水氾濫状況　消防防災の科学．*136*, 12-18.

[22]　日本建築学会防火委員会(2003)．韓国大邱（テグ）市で発生した地下鉄火災に
ついて（第 2 報）　Retrieved from
http://news-sv.aij.or.jp/bouka/aij_bk/ver2.htm　（2022 年 8 月 30 日）

[23]　日本リスク研究学会（編)(2019)．リスク学事典　丸善出版．「リスク概念の展

開と多様化」の項，p.6.

[24] 岡山地方気象台（2018）．平成30年7月3日から8日にかけての台風第7号と梅雨前線による大雨について（岡山県の気象速報）　Retrieved from https://www.jma-net.go.jp/okayama/topix/20180710.pdf （2023年4月14日）

[25] 下山晴彦（2014）．誠信 心理学辞典［新版］（「スクリプト」の項，p.136）　誠信書房

[26] 消防庁（2013）．東日本大震災記録集　Retrieved from https://www.fdma.go.jp/disaster/higashinihon/item/higashinihon001_01_00_kanto.pdf （2023年3月27日）

[27] 竹田宜人（2006）．「正常化の偏見」と避難行動　レスキューナウ　防災コラム，29．Retrieved from https://www.itscom.co.jp/safety/column/029/ （2023年4月15日）

[28] 田崎篤郎（1988）．火山噴火・水害時における避難行動　安倍北夫・三隅二不二・岡部慶三（編）（1988）．自然災害の行動科学　福村出版，pp.75-84.

[29] ウェザーニュース（2011）．東日本大震災津波調査　Retrieved from （2023年3月27日）

[30] 矢守克也（2009）．再論―正常化の偏見　実験社会心理学研究，48(2)，137-149.

[31] 吉井博明（2008）．災害危機管理とは　吉井博明・田中淳（編）（2008）．災害危機管理論入門―防災機器管理担当者のための基礎講座―　弘文堂，p.18.

[32] 吉井博明・田中淳（2008）．災害危機管理論入門―防災機器管理担当者のための基礎講座―　弘文堂，p.3.

第9章
リスクを評価・判断する

9.1　リスクを測る

9.1.1　安全とは

　「安全な医療」、「安全なフライト」、「安全な食品」など、私たちは利用者あるいは消費者として、日常的に「安全」という言葉をよく使う。辞書を引くと、安全とは、「①安らかで危険のないこと。平穏無事。②物事が損傷したり、危害を受けたりするおそれのないこと。」(広辞苑)とある。

　一方、機械安全という分野では、安全やリスクに関して辞書とは異なる定義がなされている。国際的な規格 [1] を策定する基本的で最大の標準化団体である国際標準化機構(ISO：International Safety Organization)と国際電気標準会議(IEC：International Electrotechnical Commission)では安全のための国際規格も策定する。安全やリスク関連の定義は、ISO/IEC GUIDE 51(2014)に明記されている。安全を「許容不可能なリスクがないこと」と定義し、リスクを、「危害 [2] の発生確率及びその危害の度合いの組み合わせ」と定義している。これらの定義はさまざまな分野の専門家の間で定着している。

　なお、安全の定義は「許容不可能なリスクがない」ことを意味していると同時に、「許容可能なリスクは残っている」ことを意味し、絶対安全はないこと

---

1)　例えば、クレジットカードのサイズは国際規格 ISO/IEC 7810 の 4 種類の規格のうちの 1 つ(ID-1)を採用している。安全基準に関しては、ISO/IEC などの国際規格、EN(欧州統一規格)などの地域規格、JIS(日本産業規格)などの国家規格、企業や事業者の規則に基づいたものがある。機械安全だけでなく、労働安全も対象としている。
2)　危害とは、人への傷害もしくは健康障害，または財産および環境への損害のことをいう。

を宣言している(向殿ほか，2021)。リスクはゼロにはならない。

　安全が存在するわけではなく、存在するのは危険でありリスクである、と河野(2006)はいう。「安全な医療」とは、「受け入れられるくらい低いレベルのリスクを伴った医療」であり、「安全なフライト」とは、「受け入れられる程度の危険を伴う飛行」のことであると述べている。辞書が示すような「危険のないこと」や「物事が損傷したり、危害を受けたりするおそれのないこと」は、現実の世界にはありえないのである。

　しかも、このような「受け入れられるくらい低いレベルのリスク」というのは、万国共通というわけではない。例えば、ロンドンの地下鉄ではホームドアがなくても、乗務員が運転士だけのワンマン運転を行っているが、東京メトロでは、ワンマン運転を実施するうえで、保安装置としてのATC(Automatic Train Control：自動列車制御装置)のもとでの自動列車運転装置(ATO)の導入とともにホームドアの整備などを条件としており、ホームドアのない区間では運転士と車掌が乗務するツーマンの運転を行っている。この例から、グローバルスタンダードの安全性が確保されていても、許容できるリスクは国によって異なることがわかる。また、鉄道事業者によっても異なるが、事業者による技術力の差や経営状況などの違いを踏まえつつも、国が社会的に許容できるリスクの水準を示し、安全性を一定レベル以上に維持している。

9.1.2　リスクアセスメント

　先の安全の定義によれば、安全な状態を保つためには、「許容不可能なリスクがない」状態にしなければならない。そのためにさまざまな場面で利用されているのが、リスクアセスメントという手法である。

　ISO/IEC GUIDE 51(2014)では、リスクアセスメント[3]の手順が示されている(図9.1)。リスク分析[4]を行い、リスク評価[5]によって許容不可能なリスクがあればそのリスクの低減を図り、許容不可能なリスクがなくなるまでこの手順を繰り返すことで安全が達成されるというものである。

　リスクアセスメントは機械安全に限らず、労働安全(労働者の身の安全)にお

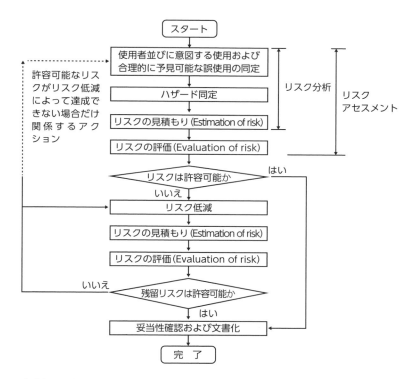

スタート

使用者並びに意図する使用および
合理的に予見可能な誤使用の同定

ハザード同定

リスクの見積もり (Estimation of risk)

リスクの評価 (Evaluation of risk)

リスクは許容可能か

いいえ

リスク低減

リスクの見積もり (Estimation of risk)

リスクの評価 (Evaluation of risk)

残留リスクは許容可能か

妥当性確認および文書化

完　了

許容可能なリス
クがリスク低減
によって達成で
きない場合だけ
関係するアク
ション

リスク分析

リスク
アセスメント

はい

いいえ

はい

出典）　日本リスク研究学会（編）（2019）：「工学システムにおけるリスク管理の国
　　　際規格」、『リスク学事典』所収

図 9.1　リスクアセスメントおよびリスク低減のプロセス

いても利用されている。このことは厚生労働省「職場のあんぜんサイト」の
「安全衛生キーワード」の「リスクアセスメント」に詳しい。

　2006 年 4 月 1 日以降、リスクアセスメントの実施が労働安全衛生法第 28 条

3)　リスクアセスメント（risk assessment）とは、リスク分析およびリスク評価からなるすべ
　　てのプロセスをいう。
4)　リスク分析（risk analysis）とは、入手可能な情報を体系的に用いてハザードを同定し，
　　リスクを見積もることをいう。ハザード（hazard）とは、危害の潜在的な源のことをいう。
5)　リスク評価（risk evaluation）とは、許容可能なリスクの範囲に抑えられたかを判定する
　　ためのリスク分析に基づく手続きをいう。

の 2 により努力義務化されたが、さらに、2016 年 6 月 1 日施行の労働安全衛生法の改正により、一定の危険有害性のある化学物質(640 物質)についてはその製造・取扱いを行うすべての事業場に対して、リスクアセスメントの実施が義務化された。

リスク低減措置として、たとえば、危険有害性の高い物質から低い物質に変更したり、温度や圧力などの運転条件を変えて発散量を減らしたり、化学物質などの形状を粉から粒に変更して取り扱ったりといった措置が実施されている。

リスクアセスメントという方法により、同一のプラットフォーム上で条件をそろえてリスクの大きさを比較することができ、一定の科学性や客観性のもとで、安全対策が進められている。

9.1.3　自動車と飛行機のリスクの大きさの比較

さまざまな領域で専門家によるリスクアセスメントがなされているが、その客観的なリスクの評価は、一般の人々が想定するリスクの評価とは必ずしも一致しない。たとえば、自動車と飛行機のリスクの比較では両者で一致しないことが多い。

事故統計に基づけば、自動車よりも飛行機のほうが安全であるとよくいわれる。しかし、自動車よりも飛行機に乗るほうが怖いという人のほうが多い。一般に自動車よりも飛行機のリスクのほうが高いと思っている人が多いようだ(岡本，1992；伊勢田，2005)。いくつかの客観的な指標で両者のリスクを比較してみよう。

(1)　年間死者数による比較

警察庁によると、2022 年の交通事故死者数(24 時間以内)は 2,610 人であった。ちなみに新型コロナウィルスが日本で流行する前の 2019 年の交通事故死者数は 3,215 人であった。

一方、内閣府の令和 5 年版交通安全白書によると、日本における 2022 年の航空事故の発生件数は 21 件 [6] で死亡者数(30 日以内)は 9 人(運輸安全委員会

の各事故報告書によると、内訳は小型飛行機 4 人、超軽量動力機 2 人、ヘリコプター 1 人、滑空機 2 人）であった。新型コロナウィルスの流行前の 2019 年の航空事故の発生件数は 13 件で死亡者数は 1 人であった。年間死者数の比較では飛行機のほうが圧倒的に安全ということができる。

(2)　移動距離あたりの死者数による比較

　年間の死者数という絶対数の比較では飛行機のほうが安全だが、それは飛行機が自動車ほど頻繁に利用されないから死者数が少ないだけではないかという異議を唱える人がいるかもしれない。

　伊勢田（2005）の概算によると、利用頻度を考慮した指標として、移動距離あたりの死者の数[7]を比較したところ、2000 年では、自動車 0.95 人／億人キロ、飛行機 0.01 人／億人キロとなり、自動車よりも飛行機の方が 100 倍近く安全だということになった。

　自動車による交通事故の犠牲者の数と飛行機事故による犠牲者の数とを比べたり、移動距離あたりの死者の数を比較したりするのは、航空産業を擁護したい人たちの評価法だといわれることがある（村上，1998；中谷内，2004）。また、利用時間当たりの比較がより妥当だという意見もある。

(3)　利用回数あたりの死者数

　伊勢田（2005）は、自動車よりも飛行機のほうがリスクが高いと考える人のために、文脈による違いを考慮に入れた計算を展開した。例えば福岡から名古屋に行くために自動車と飛行機のどちらを利用するのが安全かを比較するのであれば、「移動距離あたりの死者数」という指標は道理にかなう。しかし、週末

---

6)　2022 年の航空事故の発生件数は交通安全白書では 21 件であったが、運輸安全委員会の統計では 22 件（2023 年 9 月 26 日現在）となっており、その内訳は、大型飛行機 8 件、小型飛行機 5 件、超軽量動力機 4 件、ヘリコプター 3 件、滑空機 2 件の 22 件であった。日本の国外で発生したわが国の航空機に係る事故、また、日本の国内で発生した外国の航空機に係る事故を含む。

7)　延べ移動距離に対する死者数の比率を指標とした。延べ移動距離の単位には「人キロ」が使われ、例えば、10 人乗ったバスが 2km 移動すれば、10 × 2 で 20 人キロと計算された。

に車で近場に出かける場合と飛行機で遠出する場合ではどちらが安全かを比較するのであれば、移動距離が異なるので、移動距離あたりの危険性ではなく、1回利用するごとの危険性を比較するべきだとした。2000年について概算した結果、自動車6.3人／億回（1億回の利用に対する死者数が6.3人）、飛行機10人／億回となり、ようやく自動車よりも飛行機のほうが危険という結果を得るに至った。

(4) ICAO加盟の各国定期航空運送事業者との比較が可能な指標

　令和5年版交通安全白書の「航空交通の安全についての実績値と目標値」として示された安全指標の1つに「航空事故発生率」というものがあり、「時間あたり」[8]と「回数あたり」[9]の2種類で算出されているが、「移動距離あたり」では算出されていない。「航空事故発生率」のうち「航空事故発生率（回数あたり）（定期便に限る）」がICAO[10]加盟の各国定期航空運送事業者との比較が可能な指標となっている。自動車との比較のためのものではないが、飛行機の安全性の指標として国際的に利用されているものである。

　また、「定期便を運航する本邦航空運送事業者の死亡事故発生率（回数あたり）」もICAO加盟の各国定期航空運送事業者との比較が可能な指標である。本指標は、令和4年度目標値は0.00であり、令和4年度実績値も0.00であった。さらにいえば、わが国の特定本邦航空運送事業者[11]に限れば乗客死亡事故は1985年の日本航空123便の御巣鷹山墜落事故以降発生していない。飛行機がいかに安全な移動手段であるかを統計は示している。

---

8)　「時間あたり」は100万飛行時間あたりを示す。
9)　「回数あたり」は100万飛行回数あたりを示す。
10)　ICAOはInternational Civil Aviation Organization（国際民間航空機関）の略称である。外務省（https://www.mofa.go.jp/mofaj/gaiko/page22_000755.html）によると、ICAOは「国際民間航空が安全かつ整然と発達するように、また、国際航空運送業務が機会均等主義に基づいて健全かつ経済的に運営されるように各国の協力を図ることを目的として、1944年に採択された国際民間航空条約（通称シカゴ条約）に基づき設置された国連専門機関」であると説明されている。
11)　客席数が100または最大離陸重量が5万キログラムを超える航空機を使用して航空運送事業を経営する本邦航空事業者をいう。

(5)　リスクの大きさの比較

　専門家による客観的なリスク評価であっても、どのような評価指標を用いるかによって結論が異なる可能性がある。

　自動車と飛行機の比較ではないが、スロヴィック(Slovic, 2000)は大気中に放出された有毒ガスによる死亡リスクを計測する方法として、「100万人あたりの死亡者数」や「国内総生産100万ドルあたりの死亡者数」など9通りの計測方法を挙げ、どれを選択するかは結果の選好やその他の事情に影響され、専門家によるリスクの計測であっても主観的であることを指摘している。

　そういった意味では、評価指標の選択をいかに論理的、合理的に行えるかが重要になる。安全対策の優先順位を決定するためにリスク評価の結果を参考にする場合などには、比較に用いる評価指標の決定に関して十分な議論が求められる。

9.2　リスクイメージ

　統計的に圧倒的に安全であることが示されている飛行機だが、なぜ一般の人々は自動車よりも飛行機のリスクのほうが高いと認知するのだろうか。

　岡本(1992)は、リスクの実際とリスクに関する認知の間に生じるズレは、リスクに対するイメージが、リスクを物理的に構成する要素とは別の要素で規定されているからだという。

　例えば、スロヴィック(Slovic, 1986)は、当初、人々のリスクのイメージを、「恐ろしさ」、「未知性」、「災害規模」という3因子で表現した。リスクに関連するイメージ語を抽出してイメージ尺度を作成し、自動車事故、商用飛行、自家用飛行、原子炉事故など81のハザードについての尺度評定をアメリカ人に実施した。収集したデータを因子分析した結果、3つの因子が抽出され、第1因子を恐ろしさ因子(dread risk)、第2因子を未知性因子(unknown risk)、第3因子を災害規模因子(the number of people exposed to the risk)とした。その後、「恐ろしさ」と「未知性」の2因子が多くの研究で安定的に抽出された

ので、これら2因子を「リスク認知の2因子」または「スロヴィックの2因子」と呼ぶことがある。人々はさまざまなハザードのリスクを「恐ろしさ」と「未知性」で捉えていた。

　スロヴィック(Slovic, 1987)の調査では、恐ろしさ因子、未知性因子ともに、自動車事故よりも商用飛行や自家用飛行のほうが高い値を示した。

　ノルウェー人のリスクのイメージについて、スロヴィックと同様の研究が行われた(Teigen et al., 1988)。その結果、第1因子には恐ろしさのリスクというよりも致死リスク(fatal risk)が、第2因子には未知性のリスクというよりも不可避(制御不可能)リスク(involuntary / uncontrollable risk)が抽出された。ノルウェー人では、「致死性」と「不可避性」によってリスクがイメージされており、アメリカ人とは異なるリスクの認知構造を示した。この調査では、自家用飛行については調べられていなかったが、致死性因子と不可避性因子ともに、自動車よりも商用飛行のほうが高い値を示した。

　スロヴィック(Slovic, 1999)は、「一般の人々は幅広いリスク概念をもっており、それは、質的で複雑であって、不確かさ、恐怖、大惨事の可能性、制御可能性、公正性、次世代へのリスクなどの考えをリスクの方程式に組み込んでいる。」と述べている。そのうえで、一般の人々の多次元のリスク認知に基づいて、価値的な問題が生じているとした。例えば、「別々の自動車事故で亡くなった50名の乗客と、1回の飛行機の墜落で亡くなった50人の乗客は等価であるのか。」といった問題である。統計的には同数の死亡者数であるのだが。

　プロスポーツのチームが本拠地から飛行機で遠征先に移動する際は、万が一の事故で全戦力を失うことを避けるために、複数の便に分けて移動すると聞く。通常、飛行機が墜落すれば、誰も助からないと考える。

　自動車よりも飛行機のリスクのほうが大きいと感じるのは、飛行機は、利用者が事故に遭う確率P(A)[12]は非常に低いが、事故に遭った利用者が亡くなる

---

12)　事象Aの起きる確率をP(A)という記号で表す。ここでの事象Aは「利用者が事故(Accident)に遭うこと」としている。

確率 $P(D|A)$ [13] が高く、つまり「致死性」が非常に高いからかもしれない。自動車は飛行機よりも $P(A)$ は高いが、$P(D|A)$ は低く、「致死性」は低い。スロヴィックがリスクの方程式に組み込んだ「大惨事の可能性」変数の重みが、他の因子や変数よりもリスク認知において大きかった可能性がある。

　また、「不可避性」や、先のリスクの方程式の「制御可能性」の重みが大きかった可能性もある。自動車事故は自身の技能や心がけである程度避けることができるが、航空機事故は自身の努力で避けることができない。岸見(2021)は、著書『不安の哲学』の中で、「実際には、車の事故による死傷者のほうが飛行機よりも多いが、コントロールできないときに人は不安になるため、自分で運転する車のほうがコントロールできると思うから飛行機よりも安全だと感じる。」と述べている。

　余談だが、村上(2019)が、次のような新幹線のエピソードを紹介している。「最初に東海道新幹線が営業を開始した際、東京・大阪間がたしか四時間、最高時速二一〇キロメートルだったと思うが、大阪在住の知人が、『そんな危ないものには、絶対乗られへん』と息巻いていたのを思い出す。今では、彼も、何も言わずに、安心して新幹線の席に座って東京にやってくる。それだけの信頼を得る背景には、一方に客観的な事実の積み重ねがあったことは確かだろう。」

　開業当初、この知人においては、スロヴィックの2因子の、恐ろしさや未知性のイメージが高かったことがうかがえる。新幹線はその安全運行の積み重ねにより、恐ろしさや未知性が減少し、今では誰もが利用する公共交通機関となっている。

---

13)　事象 A が起きたときに事象 D(人が死亡(Death)するという事象)の起きる確率を条件付き確率といい、$P(D|A)$ で表す。

9.3 リスク認知と認知バイアス

9.3.1 リスク認知とは

　一般の人々のリスクの推定・評価は、専門家とは異なるのだろうか。

　スロヴィック(Slovic, 1987)は、「科学技術的に洗練されたアナリストがハザードを評価するためにリスクアセスメント(図 9.1)を使うのに対し、一般の大多数の人々は、「リスク認知(risk perceptions)」と呼ばれる、直感的なリスク判断を信頼する。」と述べている。日本リスク研究学会(2019)は、「「リスク認知」とは、リスクに対する人々の主観的な判断や態度を指す。」と説明している。

　例えば、原子力発電所の稼働について、一般の人々の中には、非常に高いリスクを想定する人もいれば、非常に低いリスクを想定する人もいる。福島第一原子力発電所の事故の経験から、昨今の気候変動の影響で、さらに激甚な自然の猛威にさらされる機会が増えれば事故の確率も高くなり、電力各社の想定どおりに原子力発電所が安全ではいられないかもしれないと不安や不信感を抱いて、リスクを高く認知する人がいるだろう。その一方で、福島第一原子力発電所の事故を教訓に、国、電力各社、原子力規制委員会などがそれぞれ安全対策を打ち出しているので、想定している規模の地震や津波には耐えられるはずだし、さらなる想定外の地震の発生はごく稀であり、少なくとも自分たちが生きている間には起きないだろうと考えて、リスクを低く認知する人もいるだろう。一般の人々のリスク認知は必ずしも「危害の発生確率」や「危害の度合い」を考慮したものとはいえず、直感的であり主観的であるが、どのようにしてリスクは認知されるのだろうか。

9.3.2 リスク認知と利用可能性ヒューリスティック

　リヒテンシュタインら(Lichtenstein et al., 1978)は、被験者に 2 種類の死亡原因を並べた問題を数題出してどちらの頻度が高いかを学生と女性知識人の 2 つのグループに分けて予想させる実験をしている。被験者の判断結果を死亡統

計と比較して検証した結果、例えば、脳卒中による死者数は事故（あらゆる事故の合計）による死者数の1.85倍であったが、学生群で20％、女性知識人群で23％しか正答できなかった。また、落雷による死者数はボツリヌス中毒による死者数の52倍であったにもかかわらず、学生群で37％、女性知識人群で45％しか正答できなかった。もちろん、心臓病と糖尿病の比較のように両群とも97％という高い正答率のものもあった（心臓病の死者数は糖尿病の死者数の18.9倍）。一般の人々が推定する死者数の大きさをリスク認知の高さだとすれば、リスク認知は何を手がかりに判断しているのだろうか。原因別死者数のような統計に触れる機会はほとんどないはずなので、事実に合わない判断をするのも無理からぬ話である。

　カーネマン（Kahneman, 2011）は、このような2つの死亡原因の死者数の大きさの比較を誤る理由として、被験者の判断が報道によって歪められた可能性を指摘している。ある特定のニュースを人々が長く詳しく報道してほしいと願えばメディアはそれを無視できないため、めったにない出来事（たとえばボツリヌス中毒のような集団食中毒）を頻繁に詳しく取り上げることによって、実際以上に頻繁にその出来事が起きるような印象を与えるという。そのため、主観的な想起の容易さから誤った判断が導かれることになる。このような想起のしやすさによる判断を利用可能性ヒューリスティックというが、利用可能性ヒューリスティックを用いた推論が死者数によるリスクの比較の推定を誤る可能性を示唆した。

　ヒューリスティックとは、日常の意思決定に用いられる簡略化された推論、判断の方略のことであり、認知コストを減らし、大まかだが早い判断ができる。すべての情報を十分に吟味し、正確さをめざすのではなく、限られた情報のみを用いた簡便な方略である（工藤, 2010）。

9.3.3　リスク認知と感情ヒューリスティック

　感情がリスク認知の主要な構成要素だという見方がある。ジョンソンとトバスキー（Johnson & Tversky, 1983）は、不快や不安、恐怖などのネガティブな

感情がリスク認知を高めることを以前から示していたが、感情ヒューリスティックというフレームワークが提案された 2000 年ごろから特に感情が注目されるようになったといわれる(中谷内，2012)。

　感情ヒューリスティックが働くと、対象のリスクを論理的に推定するのではなく、対象に遭遇したときに瞬時に起きる、好きか嫌いか、快か不快かといった直感的に答えられる問題に置き換えられることになる。

　スロヴィック(Slovic, 1999)によると、ある技術に好感を抱いている場合は便益を高く評価し、リスクをほとんど考慮しないが、逆に、嫌いな場合にはリスクを強調し、便益はほとんど浮かばないという。対象がもたらす便益とリスクとの関係は、現実的には便益が高ければリスクも高く、便益が低ければリスクも低いという正の相関が見られるのだが、心理的には負の相関を示しやすいということになる。つまり、一般の人々の心理は、便益が高ければリスクは低く、リスクが高ければ便益は低いと判断してしまうのである(Alkahami & Slovic, 1994；中谷内，2012)。

　それだけでなく、たとえば、原子力発電について便益が高い情報を与えると、原子力発電へのポジティブな感情になり、リスクに関する新たな情報は何もないにもかかわらず、リスクの評価が下がることが実験により示された(図9.2A)。同様にリスクが低い情報を与えると、ポジティブな感情になり、便益の評価が上がった(図 9.2B)。逆に、便益が低い情報を与えたり、リスクの高い情報を与えたりすると、ネガティブな感情になり、前者(図 9.2C)ではリスクの評価が上がり、後者(図 9.2D)では便益の評価が下がった(Finucane et al., 2000)。

　しかし、現実にリスクの高い科学技術が用いられるのはそれに見合うだけの便益があるからである。現実の世界では便益とリスクのトレードオフに悩まされる。金融商品においても、ハイリスク・ハイリターンやローリスク・ローリターンはあるが、ローリスク・ハイリターンの金融商品はない。

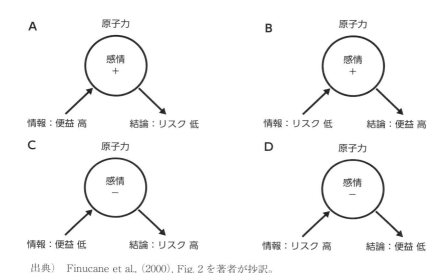

出典） Finucane et al., (2000), Fig. 2 を著者が抄訳。

図 9.2　便益・リスク情報が感情経由で結論に与える影響

9.3.4　リスク認知の背景

　中谷内(2012)は、一般の人々のリスク認知に影響する要因はさまざまな価値を背景としており、単なるバイアスとはみなせないものであって、専門家のリスク評価が「正解」で、一般人のリスク認知はいろいろな要素に影響されて歪んだ「間違い」という見方は適切ではない、と述べている。

　わが国の原子力発電に対するリスク認知の背景にはどのような価値観が影響するだろうか。たとえば、放射性廃棄物(10万年以上も隔離が必要なものも存在するといわれる)の最終処分場の場所は決まっておらず、核のゴミがたまる一方になっていて、万が一事故が起きると事態を収拾することが容易でないことは福島第一原子力発電所の事故が示しており、発電所を解体するにも多額のコストがかかり、廃炉には何十年という歳月を要するなど、発電所を作ってきた世代では解決しきれない多くの「負の遺産」に不安を感じる人がいる。それらを少しずつでも減らしていくべきだと考える人は、今だけの問題として扱う

のではなく、将来に向けての持続可能性に価値をおき、リスクを高く認知しているだろう。他方、ロシアによるウクライナ侵攻の影響で電気料金が高騰したことに不安を感じ、さらに、イスラエル・ガザ戦争が追討ちをかけるのではないかと不安を募らせ、燃料が安定供給され、発電コストが安いとされる原子力発電に期待を寄せる人もいる。まずは現在の生活維持に価値をおく人は、リスクを低く認知し、原子力発電で電気料金を抑えるべきだと考えるかもしれない。ここには、図 9.2A のような便益の高い情報に注意が向けられ、結果的にリスクが低く見積もられた可能性もある。

9.4　リスクと便益

　便益が高く魅力的であれば、リスクが高くてもそれを許容することはこれまでもあった。

　かつて、村上（1998）は、人為の世界において、便利さや快適さと危険とを天秤にかけて、あえて危険の可能性を許容している典型例として自動車を挙げた。当時、「日本において年間一万人以上を超える死者を確実に出す自動車をわれわれは許容している。」と述べている。警察庁によると、交通事故死者数（24時間以内）は 1970 年のピーク時には年間 16,000 人を超え、一旦減少に転じたものの、1988 年～ 1995 年の間は再び 1 万人を超える交通事故死者数となった。その後は減少傾向が続き、2022 年は 2,610 人にまで減少している。

　運転免許保有者数はというと、警察庁「運転免許統計　令和 4 年版」によると、1970 年の免許保有者は約 2,645 万人であったが、2018 年の約 8,231 万人まで増加し続けた。その後、減少に転じ、2022 年は約 8,184 万人となったが、それでも 1970 年の 3 倍を超えている。1970 年から 2018 年までの間、交通事故死者数の増減には関係なく、自動車の便益の享受者は増え続けていったことになる。便益が高ければ、個人も社会も高いリスクを許容してきたのである。

　その一方で、リスクを減らす努力もしてきた。より多くの人々が自動車の便益を享受するようになったにもかかわらず、交通事故死者数がピーク時の 1/6

以下に減少しているのは、社会がリスクを減らすことを求め、さまざまな技術が導入され、法が整備されてきた結果であり、それらの対策に運転者が納得し実行してきたからだともいえる。

9.5 技術的、制度的、心理・社会的側面からのリスク低減アプローチ

リスクの高い科学技術が用いられるのはそれに見合うだけの便益があるからだと先に述べたが、人は自動車に関してはリスクを高いままにしておかなかった。

自動運転のための技術の発展に伴い、運転者を支援するさまざまな装置が自動車に搭載されることによって、技術的側面から事故の発生確率を下げている。例えば、衝突被害軽減ブレーキ（AEBS：Advanced Emergency Braking System）は、自動車に搭載されたカメラやセンサーなどを利用して、前方の車両や歩行者などとの衝突の可能性を検知し、運転者に警報を発した後に、自動でブレーキを作動させ、衝突を回避させようとする仕組みである。国土交通省は、高齢運転者による交通事故防止対策の一環として、衝突被害軽減ブレーキを義務化するために、道路運送車両法を改正して2020年1月31日に公布・施行し、2021年11月より「国産車の新型車」を対象に適用した。このように、事故防止に有効な技術を制度も後押ししている。

また、万が一事故が発生したときには危害を小さくする対策も進んできた。3点式シートベルト、SRSエアバッグ[14]、チャイルドシートなどはすでに浸透している。

しかしながら、高速道路・自動車専用道路以外の一般道での後部座席のシートベルト着用は浸透しているとはいえない。警察庁Webサイトでは、後部座席シートベルト非着用時の致死率（死傷者数に占める死者数の割合）が、高速道

---

14) Supplemental（補助）、Restraint（拘束）、System（装置）の略で、補助拘束装置ということになる。SRSエアバッグはシートベルトと併せて、乗員を保護するための装置である。

路で着用時の約 19.4 倍、一般道路で着用時の約 3.5 倍高くなることを示して、後部座席シートベルト非着用の危険性を訴えているのだが。

　2008 年 6 月 1 日の道路交通法改正によりシートベルトの着用は全席義務づけられたが、一般道での後部座席のシートベルト非着用に対する罰則規定がないため、後部座席のシートベルト着用は義務化されていないと誤解している運転者も少なくないようだ。

　シートベルト着用率は警察庁・日本自動車連盟（JAF）の 2022 年調査によると、一般道路、高速道路・自動車専用道路ともに運転者は 99％を上回るが、後部座席同乗者は一般道路で 42.9％、行政処分の違反点数 1 点が付される高速道路・自動車専用道路においても 78.0％で 2 割以上が非着用であった。シートベルトを着用しない理由は、着用すると窮屈だから、着用することが面倒だから、後部座席は前部座席よりも安全だから、行政処分の対象になっていないから、運転者が安全運転をしているから、などさまざまであった。その他にも、自分は事故に遭わないという根拠のない信念があったり、シートベルトを着用せず車外に投げ出されて無傷で助かった事例を知っているだけでシートベルトを信じていなかったりと、まったく合理的でない理由もあるかもしれない。理由は何であれ、罰則規定のある高速道路・自動車専用道路においてさえもシートベルトの着用が十分ではないことから、一般の人々が後部座席のシートベルト着用義務にそれほど納得していないことがわかる。

　その一方で、先の警察庁「運転免許統計　令和 4 年版」によると、2022 年の申請による運転免許の取消件数は約 45 万人いるが、その 95％以上が 65 歳以上の高齢者であった。高齢運転者による交通事故が報道されることが増えたこともあり、家族が免許返納を勧めたり、高齢者自身も運転の不安を自覚したりして、渋々であったとしても、ある程度納得したうえで運転免許証の自主返納に応じている。

　自動車のリスクを減らすためには、技術的側面や、法やルールの整備などの制度的側面からのアプローチが欠かせないが、人が自分自身の安全のため、ひいては社会全体のリスク低減のために必要な対策だと納得して行動に移せるよ

うな、心理・社会的側面からのアプローチも重要である。

9.6　リスク政策

9.6.1　リスクゼロ

　公園の遊具で事故が発生すると、その遊具が撤去されてしまうことがある。もちろん、事故が発生すれば、事故防止対策は必要である。ハザード（危害の潜在的な源）である遊具をなくせば、それによる事故は起きない。しかし、遊具がもっていた便益を手放してリスクゼロにすべきかどうかについては検討の余地がある。遊具には子どもたちを楽しませたり、運動能力や好奇心、友人関係などを育んだりする力があるからだ。

　さまざまなリスクをどのように減らし、安全性を高めていくのか、あるいは、それらの利用をどのように規制していくのかについては、社会全体で考えなくてはならない問題である。

　では、原子力発電はどうだろう。原子力発電所でひとたび事故が発生すれば、人間の生命を脅かし、子々孫々までも健康被害をもたらす可能性があることを私たちは理解しているが、不安定な世界情勢の中にあっても原子力発電のおかげで安価で安定的な電力の供給が受けられることや、CO_2排出削減の効果があることも理解している。そのため、リスクは許容されてきた。

　経済成長を支えるエネルギー源、また、温室効果ガスを排出しない電源として期待されてきた原子力発電だったが、福島第一原子力発電所の事故により安全神話が崩れた。福島第一原子力発電所に関しては事故後、廃炉計画が少しずつ実行されているが、何をもって廃炉の完了とするかは難しく、リスクゼロにすることも難しい。公園の遊具のようにすべてを取り除くことはできないようである。

9.6.2　ノーマル・アクシデント

　福島第一原子力発電所事故では、地震と津波によって、外部電源に加え、非

常用ディーゼル発電機などの緊急時の電源も喪失することになり、原子炉の冷却機能を失い、大量の放射性物質の放出につながった（関西電力 Web サイト）。事故の原因と結果は明らかであった。

　ところが、「原子力発電所のような、多数の構成要素が複雑に連動した技術システムでは、原因がはっきりとしない事故がある」と、社会学者のペロウ（Perrow, 1999）はいう。原子力発電所で起こりうる連鎖反応と誤作動を想定するには、膨大な数の可能性を想定しなければならず、管理の難しさを指摘している。複雑な技術システムでは、小さなミスが目に見えない形で長い期間かけて積み重なっていき、それが大きなミスを誘発し、工程全体のトラブルにつながって巨大事故を引き起こすと指摘して、そのような事故を「ノーマル・アクシデント」と呼んだ。それは制御不能という意味ではなく、複雑なシステムの振る舞いを予測するのが難しいことを表している。したがって、リスクアセスメントの適用が困難になるのである。

　複雑なシステムであれば、小さなリスクがシステムの至る所に潜在しているに違いない。原子力発電所では、そのような多数の繊細なリスクを限りなく検討されていたであろう。その一方で、放射性物質を外部に放出するような大事故につながる、顕在化した直接的な基本的なリスクについてはすでに対策済みで安全は確立されているとみなされていたのかもしれない。

9.6.3　リスク低減と不安の低減

　スロヴィック（Slovic, 1999）は、専門家のリスクアセスメントに基づくリスク評価は客観的で、一般の人々のリスク認知は主観的だという主張がよくなされるが、専門家のリスク評価であっても、主観的だと論じている。先に示したとおり、スロヴィック（Slovic, 2000）は、大気中に放出された有毒ガスによる死亡リスクを計測する9つの方法を挙げ、専門家であってもどれを選択するかは結果の選好やその他の事情に影響され、主観的であると指摘した。危険（danger）は実在する（real）が、リスクは社会的に構成されたものであって、「客観的なリスク」は存在しないという。リスクアセスメントは本来的に主観

的であり、科学と心理学的、社会的、文化的、政治的要因を伴った判断とを混ぜ合わせたものを表していると主張する。スロヴィックは、リスク政策が専門家だけによって担われる状況を打開したいと考えていたのである。

　カーネマン（Kahneman, 2011）は、法学者サンスティーン（Sunstein, C. R.）の考えと上述のスロヴィックの考えを対比させて次のように記している。

　サンスティーンはリスクもその計測方法も主観的だとするスロヴィックの主張に反対している。リスク低減のための規制や政府介入は、合理的な費用便益分析によるべきであり、分析に用いる基準は、救える命の数または生存年数および経済的コストであり、これらは客観的に計測可能であるという。「ポピュリスト」傾向の行き過ぎを阻止するためにも専門家の役割を擁護している。

　一方、スロヴィックは、一般の人々の間で不安が広がっているときには、それが不合理なものであっても無視すべきではないとする。政策立案者は、一般の人々を現実の危険から守るだけでなく、不安からも守らなくてはならないとした。

第 9 章の引用・参考文献

[1]　Alkahami, A. S., & Slovic, P.,（1994）. A psychological study of the inverse relationship between perceived risk and perceived benefit. *Risk Analysis, 14,* 1085-1096.

[2]　Finucane, M. L., Alhakami, A., Slovic, P., & Johnson, S. M.（2000）. The affect heuristics in judgment of risks and benefits. *Journal of Behavioral Decision Making, 13,* 1-17.

[3]　伊勢田哲治（2005）. 哲学思考トレーニング　筑摩書房

[4]　ISO/ IEC（2014）. ISO/IEC GUIDE 51: 2014: Safety aspects ? Guidelines for their inclusion in standards. Retrieved from https://www.iso.org/obp/ui/#iso:std:iso-iec:guide:51:ed-3:v1:en　（2022 年 4 月 10 日）

[5]　Johnson, E. J. & Tversky, A.（1983）. Affect, generalization, and the perception of risk. *Journal of Personality and Social Psychology, 45,* 20-31.

[6]　Kahneman, D.（2011）. Thinking, fast and slow. Brockman, Inc.（カーネマン, D.（著）, 村井章子（訳）（2014）. ファスト＆スロー──あなたの意思はどのように

決まるか？―〔上〕　早川書房）

[7]　河野龍太郎（編）（2006）．ヒューマンエラーを防ぐ技術　日本能率協会マネジメントセンター

[8]　関西電力　福島第一原子力発電所事故の概要　Retrieved from
https://www.kepco.co.jp/energy_supply/energy/nuclear_power/anzenkakuho/modal_fukushima_outline.html　（2023 年 11 月 17 日）

[9]　警察庁交通局．交通安全のための情報：シートベルト・チャイルドシート「全ての座席でシートベルトを着用しましょう：後部座席シートベルト着用・非着用別致死率」警察庁 Web サイト　Retrieved from
https://www.npa.go.jp/bureau/traffic/koutsuuannzennjyouhou.html
（2023 年 3 月 14 日）

[10]　警察庁交通局交通企画課（2023）．令和 4 年中の交通事故死者数について
Retrieved from
https://www.e-stat.go.jp/stat-search/files?page=1&layout=datalist&toukei=00130002&tstat=000001032793&cycle=7&year=20220&month=0
（2023 年 9 月 30 日）

[11]　警察庁交通局運転免許課（2023）．運転免許統計 令和 4 年版　Retrieved from
https://www.npa.go.jp/publications/statistics/koutsuu/menkyo/r04/r04_main.pdf
（2023 年 9 月 30 日）

[12]　警察庁・日本自動車連盟（2022）．警察庁・JAF 合同シートベルト着用状況全国調査結果（令和 4 年）　Retrieved from
https://www.npa.go.jp/bureau/traffic/anzen/img/seatbelt/npa_jaf_research_R4.pdf
（2023 年 3 月 12 日）

[13]　岸見一郎（2021）．不安の哲学　祥伝社

[14]　新村出（編）（2018）．広辞苑（第七版）（「安全」の項）　岩波書店

[15]　厚生労働省　職場のあんぜんサイト　安全衛生キーワード「リスクアセスメント」　Retrieved from
https://anzeninfo.mhlw.go.jp/yougo/yougo01_1.html　（2023 年 3 月 1 日）

[16]　工藤恵理子（2010）．人や社会をとらえる心の仕組み　池田謙一・唐沢穣・工藤恵理子・村本由紀子（2010）．社会心理学　有斐閣，pp.13-41.

[17]　Lichtenstein, S., Slovic, P., Fischhoff, B., Layman, M., & Comb, B.(1978). Judged frequency of lethal events. *Journal of Experimental Psychology: Human Learning and Memory*, 4(6), pp.551-578.

[18]　向殿政男・北條理恵子・清水尚憲（2021）．安全四学―安全・安心・ウェルビーイングな社会の実現に向けて―　日本規格協会

[19] 村上陽一郎(1998). 安全学 青土社

[20] 村上陽一郎(2019). 安全と安心の狭間で 「モビリティと人の未来」編集部 (編)(2019). モビリティと人の未来―自動運転は人を幸せにするか― 平凡社, pp.38-51.

[21] 内閣府(2023). 令和 5 年版交通安全白書 Retrieved from https://www8.cao.go.jp/koutu/taisaku/r05kou_haku/pdf/zenbun/3-1.pdf (2023 年 9 月 30 日)

[22] 中谷内一也(2004). ゼロリスク評価の心理学 ナカニシヤ出版

[23] 中谷内一也(2012). リスク認知と感情―理性と安心・不安のせめぎ合い― 中谷内一也(編)(2012). リスクの社会心理学―人間の理解と信頼の構築に向けて― 有斐閣, pp.49-66.

[24] 日本リスク研究学会(編)(2019). リスク学事典 丸善出版 「リスク認知とバイアス(1):知識と欠如モデル」の項, p.220.

[25] 岡本浩一(1992). リスク心理学入門―ヒューマン・エラーとリスク・イメージ― サイエンス社

[26] Perrow, C.(1999). *Normal accidents:Living with high-risk technologies.* Princeton: Princeton University Press.

[27] Slovic, P.(1986). Informing and educating the public about risk. *Risk Analysis, 6*(4), 403-415.

[28] Slovic, P.(1987). Perception of Risk. *Science, 236*, 280-285.

[29] Slovic, P.(1999). Trust, emotion, sex, politics and science: Surveying the risk-assessment battlefield. *Risk Analysis, 19*, 689-701.

[30] Slovic, P.(Ed.)(2000). *The perception of risk.* London:Earthscan.

[31] Teigen, K. H., Brun, W. & Slovic, P.(1988). Societal risks as seen by a Norwegian public. *Journal of Behavioral Decision Making, 1*, 111-130.

索　引

【英数字】

4 枚カード問題　47
5 つの道徳基盤　70
A → C 方程式　101
ambivalent sexism　54
base rate　46
BSRI　52
CGT モデル　99
CIT　132
DV　31，131
Elaboration Likelihood Model　36
ELM　36
IAT　50
　　——の実施手順　51
Implicit Assosiation Test　50
ISO/IEC GUIDE 51　173
NIOSH 職業性ストレスモデル　112
pluralistic ignorance　33
PM 理論　63
SNS　134
　　——を介した犯罪　135
SSA　101
stalking　106

【あ　行】

安全　149，173
意思決定プロセス　94
意思決定方略　80，94
　　——の分類　80
一面呈示　35
一貫性　92
偽りの合意性現象　32

依頼　37
印象管理　89
印象形成　41
隠匿情報検査　132
インフォーマル軍団　59
陰謀論信念尺度　35
ウェイソンの選択課題　47
オオカミ少年効果　156
オーバーフロー・モデル　159，160

【か　行】

外見的魅力　23
外集団　65
加害者要因　97
価格　82
科学警察研究所　133
科学捜査研究所　132
学習予測プロセス　102
拡張型問題解決　76
加重加算型　80，81
カスタマーハラスメント　108
家庭裁判所　128
　　——調査官　129
空振り　155
間隔マーケティング　84
環境心理学　98
環境設計による犯罪予防　98
環境犯罪学　98
鑑識　125
感情ヒューリスティック　184
鑑定業務　125
寛容　69
危険の認知　159
基準確率　46

希少性　93
帰属過程　42
帰属の 3 段階モデル　42
機能的攻撃性尺度　104
規範的影響　61
基本的帰属の錯誤　42
虐待　131
客体的自己　2
凝集性　60
共助　170
強制処分　123
強制捜査　123
共有内集団アイデンティティ　69
緊急逮捕　124
近接性　25
クライシスコミュニケーション　153
クライシスマネジメント　153
経験階層　87
経験則　76
刑事事件の流れ　122
刑事訴訟法　121
刑法　121
計量多次元尺度法　102
決定木　101
権威　93
現行犯逮捕　124
限定的問題解決　76
好意　23，93
行為者—観察者間バイアス　43
合意的選択理論　99
効果階層　94
　　——の理論　87
攻撃性　104
公助　170
公正　69
公的自己意識　6

行動の合理性　100
行動プライミング効果　50
購買意思決定　79
購買活動　74
公判　126
　　──手続きの流れ　127
合理的選択理論　100
勾留　124
考慮集合　77
コーピング　112
　　──特性簡易評価尺度　114
　　──方略　114
誤警報　156
　　──効果　156
コミットメント　92
コレスポンデンス分析　102

【さ　行】

サーバントリーダーシップ論　64
罪刑法定主義　121
最小空間分析　101
最小条件集団　65
裁判　126
ジェンダー　52
自我同一性　2
事件リンク分析　101
自己　1，2，19
自己意識　5，19
　　──理論　5
自己開示　17，19，27
　　──の相互性　27
　　──の返報性　27
自己規定領域　11，12
自己高揚　9，89
自己注目　3
自己呈示　14，19
　　──行動　15
　　──の主要な機能　16

──の分類　15
自己評価　7，19
　　──維持モデル　10，12
自己奉仕バイアス　43
自助　169
辞書編纂型　80
施設心理士　131
私的自己意識　6
児童自立支援施設　131
児童心理司　131
児童相談所　128，131
児童福祉施設　131
児童養護施設　131
社会的アイデンティティ理論　65
社会的影響　57，89，91，94
社会的交換　28
社会的証明　92
社会的促進　57
社会的手抜き　57
社会的認知　44
社会的比較過程理論　7
社会的プライミング効果　50
社会的要因　159
社会的抑制　57
社会的欲求　89
習慣的意思決定　76
集団意思決定　64
集団間関係　65
集団規範　58
集団思考　64
周辺特性　41
主体的自己　2
主張の自己呈示　15
状況要因　97
情動焦点型コーピング　114
少年院　128
少年鑑別所　128，130
少年刑務所　128
少年サポートセンター

133
少年補導専門員　133
消費　73
消費者行動論　73
消費者ハイパー選択　76
情報処理的アプローチ　44
情報的影響　61
譲歩の返報性　38
職業ステレオタイプ　48
職務満足感　64
初頭効果　42
親近効果　42
人的証拠　123
心理職　127
心理的な近さ　11，12
心理的抵抗効果　35
数量化理論Ⅲ類　102
スキーマ　48
ステレオタイプ　48，52，98
　　──内容モデル　54
ストーカー　106
ストーキング　106
ストレス　112
　　──コーピング　113
　　──対処行動　113
　　──反応　112
ストレッサー　112
正常化の偏見　164
正常性バイアス　164
精緻化見込みモデル　36
性役割質問紙　52
セールス・プロモーション　75
説得　34
セルフ・サービング・バイアス　43
セルフコントロール　108
潜在測定　50
潜在連合テスト　50
戦術的自己呈示　15
選択肢過多仮説　78

洗脳　38
戦略的自己呈示　15
想起集合　77
相互作用　26
捜査　122

【た　行】

対応バイアス　42
対応分析　102
第三者効果　34
対人魅力　23
態度　31, 87
——概念　84
——の3成分　87
——の3要素　32
——の類似性　29
退避　158
代表性ヒューリスティック　46
逮捕　124
多元的無知　33
多次元尺度法　101
他者とのつながり　89
他者の遂行　11, 12
段階的要請法　37
単純加算型　80
逐次消去型　80, 81, 82
中心特性　41
地理的プロファイリング　132
通常逮捕　124
低関与階層　88
ドア・イン・ザ・フェイス　38
等質性分析　102
統制的プロセス　44
闘争−逃走反応　152
同調　60
道徳　69
特殊詐欺　142

【な　行】

内集団　65
——ひいき　65
二過程モデル　36, 44
乳児院　132
任意捜査　123
——の原則　123
認知上の斉合性　30
認知的斉合性理論　29
認知的ストレス理論　112
認知的バランス理論　29
認知的評価　112
認知的不協和理論　30
ノーマル・アクシデント　190

【は　行】

バイアス　42
発見法　44
バランス理論　29, 32
ハロー効果　23
反映過程　11
犯行地点選択モデル　98
犯罪　97, 121
犯罪心理学　97
犯罪パターン理論　98
犯罪被害者　133
犯人像推定　101
被影響性尺度　35
被害者支援施設　133
被害者要因　97
比較過程　11
非計量多次元尺度法　102
避難　158
非補償型　80, 81, 94
ヒューリスティック　44, 76, 83
標準的学習階層　87
ブーメラン効果　35

フォーマル軍団　59
フォールス・コンセンサス　32
服従　61
物的証拠　123
フット・イン・ザ・ドア　37
プライミング効果　50
プロアクティブ・コーピング　115
——尺度　116
分離型　80, 82
偏見　67
返報性　18, 26, 92
防衛的自己呈示　15
法務技官　130
法務少年支援センター　130
暴力犯罪　104
保険金詐欺　139
保護観察所　128
母子生活支援施設　132
ポジティブ心理学　115
補償型　80, 81, 94
補償作用　54
ポリグラフ検査　132

【ま　行】

マッチング仮説　25
慢性型　107
見逃し　155
メンタル・アカウンティング　84, 94
モラルリスク　141
問題焦点型コーピング　114

【や　行】

歪み　42
ユニークネス　89

【ら　行】

リアクタンス効果　　35
リーダーシップ　　63
リスキーシフト　　65
リスク　　173
リスクアセスメント　　174, 175
　　——のプロセス　　175
リスクイメージ　　179
リスク管理　　153

リスクコミュニケーション　　153
リスク政策　　189
リスクゼロ　　189
リスク低減　　188
　　——のプロセス　　175
リスク認知　　182
　　——の2因子　　180
リスク評価　　174, 175
リスク分析　　174, 175
リスクマネジメント　　153

両価的な性差別　　54
利用可能性ヒューリスティック　　44, 183
両面呈示　　35
類似性仮説　　7
ルーティン・アクティビティ理論　　99
令状主義　　123
連結型　　80, 82

執筆者紹介

喜岡　恵子（きおか　けいこ）　第8章・第9章執筆担当

　東洋大学総合情報学部総合情報学科准教授。

　東京大学大学院教育学研究科（教育心理学専攻）博士課程単位取得後満期退学。財団法人（現　公益財団法人）鉄道総合技術研究所　人間科学研究部（安全心理）主任研究員を経て現職。

　近著に『Excelではじめる調査データ分析』（オーム社）などがある。

北村　英哉（きたむら　ひでや）　第2章・第3章・第4章執筆担当

　東洋大学大学院社会学研究科長、社会心理学科教授。日本心理学会常務理事。日本感情心理学会、パーソナリティ心理学会理事。博士（社会心理学）　東京大学。

　関西大学を経て現職。主な共編著訳書に『偏見や差別はなぜ起こる』（ちとせプレス）、『私たちを分断するバイアス』（誠信書房）などがある。

桐生　正幸（きりう　まさゆき）　第6章・第7章執筆担当

　東洋大学社会学部長、社会心理学科教授。日本犯罪心理学会常任理事。日本心理学会代議員。文教大学人間科学部人間科学科心理学専修。博士（学術）。

　山形県警察科学捜査研究所主任研究官、関西国際大学教授、同大防犯・防災研究所長を経て現職。

　主な著書に『カスハラの犯罪心理学』（集英社インターナショナル）などがある。

大久保　暢俊（おおくぼ　のぶとし）　第1章・第5章執筆担当

　東洋大学社会学部非常勤講師。博士（社会学）。

　主な共著書に『よくわかる社会心理学』（ミネルヴァ書房）、『消費者心理学』（勁草書房）などがある。

島田　恭子（しまだ　きょうこ）　第6章分担執筆担当

　東洋大学現代社会総合研究所客員研究員、一般社団法人ココロバランス研究所代表理事。博士（保健学）。

大髙　実奈（おおたか　みな）　第7章分担執筆担当

　東洋大学大学院社会学研究科。公認心理師。

気づきと実践の社会心理学

2024 年 2 月 26 日　　第 1 刷発行

著　者	喜岡　恵子
	北村　英哉
	桐生　正幸
	大久保暢俊
発行人	戸羽　節文

発行所　株式会社 日科技連出版社

〒 151-0051　東京都渋谷区千駄ケ谷 5-15-5
DS ビル

電　話　出版　03-5379-1244
　　　　営業　03-5379-1238

検　印
省　略

Printed in Japan

印刷・製本　壮光舎印刷

© Keiko Kioka et al. 2024
URL https://www.juse-p.co.jp/

ISBN 978-4-8171-9793-1